# Católicos Romanos



RICK JONES

CHICK
PUBLICATIONS

**DISTRIBUIDOR INTERNACIONAL**

**CENTRO DE PESQUISAS RELIGIOSAS**
Caixa Postal 92.950
Teresópolis (RJ)
25951-970, Brasil
**Telefax** (021) 643-2325
**e-mail:** cpr@ism.com.br



Título original em inglês:
*Understanding Roman Catholicism*


**CHICK PUBLICATIONS**
P.O. Box 3500, Ontario, Calif. 91761-1100 USA
Tel: (909) 987-0771 • Fax: (909) 941-8128
E-Mail: postmaster@chick.com
www.chick.com

Tradução de Mary Schultze

*Impresso nos Estados Unidos da América*



ISBN: 0-937958-55-7

221/B

# INDICE

"Para que o Deus de Nosso Senhor Jesus Cristo, o Pai da glória, vos conceda espírito de sabedoria e de revelação no pleno conhecimento dele, iluminados os olhos do vosso coração..."

Efésios 1:17-18

# Introdução

Nos últimos anos, tem havido um engajamento do Catolicismo Romano com o Protestantismo tradicional. Muitos, de ambos os lados, tratam os do outro lado como irmãos e irmãs cristãos. Isso era impossível há alguns anos atrás, mas hoje:

- Os clérigos Católicos Romanos aparecem regularmente na televisão Cristã, promovendo a unidade entre Católicos e Protestantes.
- Estações de rádio Cristãs transmitem programas Católicos Romanos.
- Livrarias Cristãs contêm uma variedade de material acenando para a Igreja Católica.

Como os dois lados de fato se engajaram? Estão ambos agora pregando a mesma mensagem? Sustentam ambos as mesmas doutrinas básicas?

Para descobrir as respostas a estas perguntas, fiz um estudo exaustivo do *Catecismo da Igreja Católica,* de 1994. Usar este Catecismo particularmente era importante, por duas razões:

1. Este Catecismo é a fonte ***oficial*** de toda doutrina Católica. Ninguém pode negar que ele contém os ensinos atuais da Igreja Católica Romana.

2. Publicado em 1994, este é o primeiro Catecismo Novo desde há 400 anos. Portanto, você pode ter certeza de estar lendo os ensinos atuais da Igreja Católica Romana, e não o que tem sido ensinado há 300 anos. (N.T. Usaremos a versão do Catecismo Católico, da Editora Vozes, de 1993).

Neste livro examinaremos 37 das mais importantes doutrinas Católicas Romanas; então deixemos que os fatos falem por si mesmos.

Aqui você não vai encontrar opiniões ou filosofias pessoais. São declarações verdadeiras das doutrinas da Igreja Católica Romana e como essas doutrinas são comparadas com a Bíblia. Você deve tirar suas próprias conclusões e tomar suas próprias decisões.

Este livro não está sendo escrito para julgar ou condenar. Seu único propósito é ajudá-lo a entender melhor a doutrina Católica, a fim de que esteja preparado para comparecer diante do Julgamento de Deus, como todos nós teremos de fazê-lo, depois da morte.

> "E, assim como aos homens está ordenado morrerem uma só vez, vindo, depois disto, ***o Juízo***."
>
> Hebreus 9:27

Meu coração sofre ao pensar em alguém escutar Jesus dizendo as seguintes palavras, naquele dia:

> "Nunca vos conheci, apartai-vos de mim, os que praticais a iniqüidade."
>
> Mateus 7:23

Mesmo porque a Bíblia revela que o Senhor vai dizer estas palavras a muitas pessoas ***religiosas.*** Sabendo isto, é vital que você não siga qualquer um cegamente. Estude estas doutrinas Católicas Romanas por você mesmo, a fim de poder encarar Deus com confiança.

À medida em que você lê, minha oração sincera é que Deus revele a Sua verdade ao seu coração e à sua mente. Deus o abençoe!

# Quem é a Autoridade Final?

Antes de começar a examinar as doutrinas Católicas Romanas específicas, devemos determinar quem é a autoridade final.

Aqui encontramos nossa primeira grande discrepância. A Bíblia declara que ***ela*** é a única e final autoridade, enquanto o Catolicismo ensina que existem três autoridades finais. *O Catecismo da Igreja Católica,* de 1994, declara:

> "Fica, portanto, claro que segundo o sapientíssimo plano divino, a Sagrada Tradição, a Sagrada Escritura e o Magistério da Igreja estão de tal modo entrelaçados e unidos, que um não tem consistência sem os outros, e que juntos, cada qual a seu modo, sob a ação do mesmo Espírito Santo, contribuem eficazmente para a salvação das almas." P. 38, #95

De acordo com esta passagem, as Escrituras, a Tradição da Igreja (ensinos entregues através dos tempos), e o Magistério (a tarefa de dar uma autêntica interpretação da Palavra de Deus) são de igual importância. Ver também P. 35, #82

De acordo com a doutrina Católica, a Tradição da Igreja e o Magistério são tanto a Palavra de Deus como as Escrituras escritas.

> "A Sagrada Escritura é a Palavra de Deus enquanto é redigida sob a moção do Espírito Santo. Quanto à Sagrada Tradição, ela "transmite integralmente aos sucessores dos apóstolos a palavra de Deus confiada por Cristo Senhor e pelo Espírito Santo aos apóstolos, para que, sob a luz do Espírito de verdade, eles por sua pregação fielmente a conservem, exponham e difundam." P. 35, #81

A questão óbvia é o que acontece quando estas três "autoridades finais" discordam entre si. O Catecismo dá a resposta:

> "O ofício de interpretar autenticamente a palavra de Deus escrita ou transmitida foi confiado unicamente ao Magistério vivo da Igreja, cuja autoridade se exerce em nome de Jesus Cristo, isto é, aos bispos em comunhão com o sucessor de Pedro, o bispo de Roma."
> P. 36, #85

É importante notar que quando o Catecismo explica que a tarefa de interpretar a Palavra de

Deus foi confiada à "Igreja", está se referindo exclusivamente à Igreja Católica Romana. Esse é o caso através de todo o Catecismo. "A Igreja" refere-se sempre à Católica Romana.

O Catecismo repete a mesma doutrina, usando palavras diferentes:

> "É dever dos exegetas esforçar-se, dentro dessas diretrizes, por entender e expor com maior aprofundamento o sentido da Sagrada Escritura, a fim de que, por seu trabalho como que preparatório, amadureça o julgamento da Igreja. Pois todas estas coisas que concernem à maneira de interpretar a Escritura estão sujeitas em última instância ao juízo da Igreja, que exerce o divino mandato do ministério de guardar e interpretar a Palavra de Deus." P. 42-43, #119

Por conseguinte, o Catecismo conclui que a única autoridade final não é a Bíblia, mas o ensino em voga da Igreja Católica, uma vez que ela é a única qualificada para prover a "interpretação autêntica" da Palavra de Deus.

## Mas a Bíblia concorda?

Se a Bíblia, a Tradição e os ensinos da Igreja Católica são todos, de fato, a Palavra de Deus, então a Bíblia vai concordar com este ensino.

Infelizmente, para o Catolicismo, não é assim. De fato, é realmente o contrário. Deus declara na Bíblia que Sua Palavra escrita sempre tem sido e sempre há de ser - perfeita:

> "As tuas palavras são em tudo verdade desde o princípio, e cada um dos teus justos juízos ***dura para sempre.***"
> Salmo 119:160

> "As palavras do Senhor são palavras puras, prata refinada em cadinho de barro, depurada sete vezes. Sim, Senhor, tu nos guardarás; ***desta geração nos livrarás para sempre.***" Salmo 12:6-7

A Bíblia declara audaciosamente que ***ela*** é a ***única*** autoridade final.

> "Santifica-os na verdade; ***a tua palavra é a verdade.***" João 17:17

No Livro de Apocalipse, Deus entrega esta afiada admoestação contra quem rasurar sua Palavra escrita:

> "Eu, a todo aquele que ouve as palavras da profecia deste livro, testifico: ***se alguém lhes fizer qualquer acréscimo,*** Deus lhes acrescentará os flagelos escritos neste livro; e, ***se alguém tirar***

> ***qualquer cousa das palavras do livro*** desta profecia, Deus tirará a sua parte da árvore da vida, da cidade santa, e das cousas que se acham escritas neste livro." Apocalipse 22:18-19

O Apóstolo Paulo avisa aos leitores da Bíblia como deveriam reagir contra os que ensinam doutrinas contrárias à Palavra de Deus escrita:

> "Rogo-vos, irmãos, que noteis bem aqueles que provocam divisões e escândalos, ***em desacordo com a doutrina que aprendestes,*** afastai-vos deles, porque esses tais não servem a Cristo, nosso Senhor, e sim, ao seu próprio ventre, e, com suaves palavras e lisonjas enganam o coração dos incautos." Romanos 16:17-18

Paulo adverte os crentes verdadeiros a evitar ***qualquer pessoa*** que ensine doutrinas contrárias às escritas nas Escrituras. Ele também revela as conseqüências de crer em tais ensinos falsos:

> "Mas ainda que nós, ou mesmo um anjo vindo do céu vos pregue ***(outro)*** evangelho que vá além do que vos temos pregado, ***seja anátema.***"
>
> Gálatas 1:8

Em seguida Paulo repete imediatamente:

> "Assim como já dissemos, e agora repito, se alguém vos prega ***(outro)*** evangelho que vá além daquele que recebestes, ***seja anátema.***" Gálatas 1:9

Assim, quando a doutrina Católica contradiz a Palavra de Deus escrita, aqueles que vão de encontro às Sagradas Escrituras são amaldiçoados.

O autor de Provérbios entrega a mesma dura advertência a qualquer um que se atreva a mudar a Palavra de Deus escrita:

> "Toda Palavra de Deus é pura; ela é escudo para os que nele confiam. ***Nada acrescentes às suas palavras,*** para que não te repreenda e sejas achado mentiroso." Provérbios 30:5-6

**A Palavra de Deus permanece para sempre!**

Deus diz que sua Palavra foi escrita uma vez, a fim de permanecer para sempre.

> ***"Para sempre,*** ó Senhor, está firmada a tua palavra no céu." Salmo 119:89

> "A palavra do Senhor, porém permanece ***eternamente...***" 1 Pedro 1:25

> "....a palavra de nosso Deus permanece ***eternamente.***" Isaías 40:8

> "Pois fostes regenerados, não de semente corruptível, mas de incorruptível, mediante a palavra de Deus, a qual vive ***e é permanente.***" 1 Pedro 1:23

**A Palavra de Deus é perfeita!**

A Palavra de Deus não pode ser mudada, porque ela é perfeita em todo sentido:

> "A Lei do Senhor é ***perfeita*** e restaura a alma..." Salmo 19:7

O Catolicismo proclama que somente o líder da Igreja Católica pode interpretar devidamente a palavra escrita, mas a Bíblia discorda:

> "***...nenhuma profecia da Escritura provém de particular interpretação.*** Porque nunca jamais qualquer profecia foi dada por vontade humana, entretanto homens santos falaram da parte de Deus movidos pelo Espírito Santo." 2 Pedro 1:20-21

Onde Deus quer que seu povo obtenha sua doutrina... de um padre - ou da Bíblia?

> "Toda ***escritura*** é inspirada por Deus e útil para o ensino, para a repreensão, para a correção, para a educação na justiça." 2 Timóteo 3:16

Paulo não faz alusão alguma ao Magistério ou à Tradição da Igreja, pois o verso anterior diz:

> "E que desde a infância sabes as sagradas letras que podem tornar-te sábio para a salvação pela fé em Cristo Jesus." 2 Timóteo 3:15

Desde que a Igreja Católica ainda não existia quando Paulo escreveu estas palavras, ele não poderia estar se referindo aos ensinos do Catolicismo.

## Deus repartiu sua autoridade?

Como estes e centenas de outros versos deixam claro, Deus jamais deu a alguém autoridade para acrescentar ou mudar Sua Palavra. Ela é perfeita e completa, exatamente como ele a escreveu.

Uma das primeiras questões que você deve responder para você mesmo é: Deus violaria todas estas Escrituras só para dar ao Papa e à Igreja Católica o direito de mudar Sua Palavra, embora Ele tenha dito que jamais o faria?

## Os Fariseus

Enquanto Jesus estava na terra ele publicamente hostilizava os Fariseus, líderes religiosos do seu tempo:

> "E em vão me adoram, ensinando doutrinas que são preceitos de homens.

> Negligenciando o mandamento de Deus, guardais a tradição dos homens..."
> Marcos 7:7-8

Jesus estava aborrecido porque os Fariseus tinham colocado suas tradições acima da Palavra de Deus, porque Ele sabe que a Palavra de Deus conduz o povo à vida eterna, enquanto as tradições dos homens levam o povo à eterna destruição.

Embora esses líderes religiosos obedecessem todas as regras da sua religião, veja o que Jesus disse que os estava esperando:

> "Serpentes, raça de víboras! Como escapareis da ***condenação do inferno?***"
> Mateus 23:33

Quando os Fariseus perguntaram a Jesus porque os seus discípulos transgrediam as tradições dos anciãos, Jesus respondeu-lhes com uma pergunta:

> "Porque transgredis vós também o mandamento de Deus, por causa de vossa tradição?" Mateus 15:3

Jesus sempre colocou as Escrituras acima das tradições:

> "Respondeu-lhes Jesus; Errais, não conhecendo ***as Escrituras*** nem o poder de Deus." Mateus 22:29

A Palavra imutável de Deus tem sido sempre a autoridade final, nunca as tradições dos homens.

> "Cuidado que ninguém vos venha a enredar com sua filosofia e vãs sutilezas, ***conforme a tradição dos homens,*** conforme os rudimentos do mundo e ***não segundo Cristo.***"
>
> Colossenses 2:8

Os Cristãos do Novo Testamento sabiam qual era a autoridade final:

> "Ora, estes de Beréia eram mais nobres que os de Tessalônica; pois receberam a palavra com toda a avidez, ***examinando as Escrituras todos os dias*** para ver se as cousas eram, de fato, assim." Atos 17:11

Para determinar se o que eles tinham ouvido era verdade aquelas pessoas foram à autoridade final, as Escrituras escritas. Jesus fala de Sua Palavra:

> "...Se alguém me ama, guardará a ***minha palavra;*** e meu Pai o amará, e viremos para ele e faremos nele morada. ***Quem não me ama não guarda as minhas palavras...***"
>
> João 14:23-24

Considere estas palavras do apóstolo Paulo:

> "Outra razão ainda temos nós para incessantemente dar graças a Deus; é que tendo vós recebido a palavra que de nós ouvistes, que é de Deus, acolhestes não como palavra de homens, e, sim, como em verdade é, ***a palavra de Deus...***"
>
> 1 Tessalonicenses 2:13

Quando Paulo pregava a Palavra de Deus para aquele povo, não era a doutrina Católica, porque o Catolicismo ainda não existia.

## Conclusão

Deus não muda (Malaquias 3:6), porque Ele é perfeito. Seu Filho Jesus não muda (Hebreus 13:8), porque Ele é perfeito. Por que, então, iria a perfeita Palavra de Deus mudar?

Quando você ler o conteúdo deste livro, será forçado a decidir no que você acredita como autoridade final: na Palavra escrita de Deus ou nos ensinos e tradições da Igreja Católica?

Sua decisão se tornará crítica, quando você descobrir que os ensinos do Catolicismo são diametralmente opostos a todas as doutrinas que você examinará.

Você vai ficar do lado da Palavra de Deus ou das tradições dos homens?

> "Passará o céu e a terra, porém ***as minhas palavras*** não passarão."
>
> Mateus 24:35

Nota: Uma vez que as Escrituras escritas estabelecem plenamente que elas são a única Palavra de Deus, o que for escrito neste livro como Palavra de Deus estará sempre se referindo à Palavra escrita de Deus somente, e não às Tradições e ao Magistério da Igreja Católica.

> "...Seja Deus verdadeiro e mentiroso todo homem..." Romanos 3:4

# 1

# Salvação Através da Igreja

O Catolicismo Romano ensina que a salvação só é conseguida através da Igreja Católica.

> "O Concílio Vaticano II em seu Decreto sobre o Ecumenismo explicita: 'Pois somente através da Igreja Católica de Cristo, auxílio geral de salvação, pode ser atingida toda a plenitude dos meios de salvação'." P. 234, #816

Aqui, a fonte oficial da doutrina Católica declara atrevidamente que a salvação não pode ser obtida, exceto através da Igreja Católica. Você pode estar pensando, "a Igreja Católica não acredita mais nisso!" Mas a posição do Catecismo não deixa dúvida alguma.

> "...toda salvação vem de Cristo-Cabeça, através da Igreja, a qual é seu corpo; Apoiado na Sagrada Escritura e na Tradição, [o Concílio] ensina que

> esta Igreja, agora peregrina na terra, é necessária para a salvação... Porisso não podem salvar-se, aqueles que, sabendo que a Igreja Católica foi fundada por Deus através de Jesus Cristo, como instituição necessária, apesar disso não quiseram nela entrar, ou então perseverar." P. 243-244, #846

E se não ficou muito claro, aqui está novamente

> "É na Igreja que está depositada "a plenitude dos meios de salvação. É nela que adquirimos a santidade pela graça de Deus." P. 237, #824

> "Nela subsiste a plenitude do corpo de Cristo unido à sua cabeça; isso implica em que ela recebe dele a plenitude dos meios de salvação." P. 239, #830

Ao checar a Palavra de Deus sobre este assunto, dois fatos críticos saltam-nos à vista:

1. A Bíblia jamais indica que alguém deve entrar numa Igreja para obter salvação.

2. Literalmente centenas de Escrituras proclamam que a salvação é um dom gratuito de Deus, à disposição de qualquer um, mas somente através de Jesus Cristo.

> "Porque o salário do pecado é a morte, mas o dom gratuito de Deus é a vida eterna ***em Cristo Jesus nosso Senhor.***" Romanos 6:23

Nenhum outro nome (ou grupo) pode oferecer salvação, exceto Jesus:

> "E não há salvação em ***nenhum outro;*** (exceto Jesus) porque abaixo do céu não existe ***nenhum outro*** nome, dado entre os homens, pelo qual importa que sejamos salvos." Atos 4:12

Quando Jesus morreu na cruz ele pagou o preço total e completo pelos pecados de toda a humanidade e tornou possível a qualquer um ir diretamente a Ele para a salvação. O próprio Jesus anunciou que:

> "Por isso, quem ***crê no Filho*** tem a vida eterna; o que, todavia, se mantém rebelde contra o Filho não verá a vida, mas sobre ele permanece a ira de Deus." João 3:36

Ele também pregou:

> "Quem ouve a minha palavra e ***crê naquele que me enviou,*** tem a vida eterna, não entra em juízo, mas passou da morte para a vida."
> João 5:24

Outra vez, e mais outra, Jesus proclamava sua verdade abençoada:

> "...Quem crê, em mim ***tem a vida eterna.***" João 6:47

Leia também João 6:40; João 3:16, João 3:18, João 3:36 e João 1:12.

Em João 20:31 nós descobrimos porque os Evangelhos foram escritos:

> "Estes, porém, foram registados para que creiais que Jesus é o Cristo, o Filho de Deus, e para que, ***crendo, tenhais vida em seu nome.***" João 20:31

Jesus jamais exige a mediação de uma Igreja para prover salvação. Este dom gratuito está à disposição de qualquer um que nele crer.

> "Dele todos os profetas dão testemunho de que, por meio do seu nome, ***todo o que nele crê recebe remissão de pecados.***" Atos 10:43

De acordo com a Bíblia, a redenção está em Cristo, não numa Igreja:

> "Sendo justificados gratuitamente, por sua graça, mediante a redenção que há em ***Cristo Jesus.***" Romanos 3:24

Cristo sozinho pode oferecer o dom da vida eterna, porque ele voluntariamente derramou Seu sangue por nós:

> "No qual temos a redenção, pelo seu sangue, a remissão dos pecados, segundo a riqueza da sua graça." Efésios 1:7

Mais uma vez, a única exigência para a salvação é a fé em Jesus Cristo:

> "Pois não me envergonho do Evangelho, porque é o poder de Deus para a salvação de ***todo aquele que crê.***"
> Romanos 1:16

Muitas Escrituras repetem este tema:

> "Porque Deus não nos destinou para a ira, mas para alcançar a salvação ***mediante nosso Senhor Jesus Cristo.***"
> 1 Tessalonicenses 5:9

Quando Jesus estava pendurado na cruz, ele mostrou que a salvação vem através dele e não através de uma Igreja. O ladrão que estava na cruz perto dele, clamou:

> "...Jesus, lembra-te de mim quando vieres no teu reino." Lucas 23:43

Quando aquele pecador moribundo pronunciou estas palavras de fé, Jesus logo respondeu:

> "...Em verdade te digo que hoje estarás comigo no paraíso." Lucas 23:43

Igreja nenhuma salva... Quem salva é Jesus:

> "Porquanto Deus enviou seu Filho ao mundo, não para que julgasse o mundo, mas para que o mundo fosse salvo ***por ele.***" João 3:17

> "Logo, muito mais agora, sendo justificados pelo seu sangue, seremos ***por ele*** salvos da ira." Romanos 5:9

Se a salvação fosse possível somente através da Igreja Católica, teria Deus intencionalmente nos conduzido ao erro através de sua Palavra, sabendo que nossa salvação estava em perigo?

Teria Pedro abertamente declarado as seguintes palavras nas Sagradas Escrituras?

> "Mas cremos que ***fomos salvos pela graça do Senhor Jesus,*** como também aqueles o foram." Atos 15:11

## Conclusão

A Palavra de Deus declara que a salvação é obtida através da fé no sangue derramado por Jesus Cristo, enquanto o Catecismo mantém que a salvação só é possível através da Igreja Católica.

Você tem de decidir agora em quem vai acreditar-nas tradições dos homens ou na Palavra de Deus? Você não pode dizer: "em ambos", porque cada um insiste em que o outro está ***errado.***

> "Nisto se manifestou o amor de Deus em nós, em haver Deus enviado o seu Filho unigênito ao mundo, para vivermos ***por meio dele.***" 1 João 4:9

Lembre-se, algum dia você vai estar diante de Deus e explicar-lhe porque você tomou a decisão que tomou. Você quer correr o risco de rejeitar a Palavra de Deus para seguir as tradições dos homens?

> "Negligenciando o mandamento de Deus, guardais a tradição dos homens."
> Marcos 7:8

# 2

# Salvação Através de Boas Obras

Para sermos salvos, a doutrina Católica ensina que devemos continuamente praticar boas obras.

> "Contudo não se salva, embora esteja incorporado à Igreja, aquele que, não perseverando na caridade, permanece dentro da Igreja, com o corpo, mas não com o coração." P. 241, #837

Alguém para ser salvo, tem de fazer obras como o batismo (veja #1257), mais vários sacramentos (veja #1129) e muitas obras adicionais.

Mais uma vez os ensinos da Igreja Católica se opõem à Palavra de Deus, a qual estabelece que a salvação ***não pode*** ser comprada, ela é um dom gratuito e imerecido de Deus:

> "Porque pela graça sois salvos; mediante a fé; e isto não vem de vós, é dom de Deus; ***não de obras,*** para que ninguém se glorie." Efésios 2:8-9

> "***Não por obras de justiça*** praticadas por nós, mas segundo sua misericórdia, ele nos salvou mediante o lavar regenerador e renovador do Espírito Santo." Tito 3:5

A Bíblia reiteradamente estabelece que a salvação vem através da fé - nunca de boas obras:

> "Concluímos, pois, que o homem é justificado pela fé, ***independentemente das obras da lei.*** " Romanos 3:28

> "Ora, tendo a Escritura previsto que Deus justificaria ***pela fé*** os gentios..." Gálatas 3:8

Como nos tornamos filhos de Deus?

> "Pois todos vós sois filhos de Deus ***mediante a fé em Cristo Jesus.*** " Gálatas 3:26

## Os Fariseus e as boas obras

Os religiosos Fariseus estavam convencidos de que, praticando boas obras, ganhariam sua salvação. Mas Jesus definiu diretamente, no Evangelho de Marcos, após uma pergunta:

> "Interpelaram-no os Fariseus e os escribas: por que não andam os teus discípulos de conformidade com a

> tradição dos anciãos, mas comem com as mãos por lavar?" Marcos 7:5

Como resposta, Jesus os fustigou:

> "Jeitosamente rejeitais o preceito de Deus para guardardes a vossa própria tradição." Marcos 7:9

Que tragédia! Colocando as tradições acima da Palavra de Deus, os Fariseus haviam certamente rejeitado o mandamento de Deus. Jesus também acusou os Fariseus de:

> "Invalidando a Palavra de Deus pela vossa própria tradição..." Marcos 7:13

Não é exatamente isso que a Igreja Católica faz, colocando a Tradição da Igreja acima da Palavra de Deus?

Os Fariseus estavam convictos de que a salvação era obtida pela prática de boas obras, mas Jesus sabia que boas obras jamais poderiam salvar pessoa alguma.

> "Sabendo, contudo, que o homem ***não*** é justificado por obras da lei e sim mediante a fé em Cristo Jesus, também temos crido em Cristo Jesus, para que fôssemos justificados pela fé em Cristo e não por obras da lei, pois

> por obras da lei ***ninguém será justificado.***" Gálatas 2:16

> "Justificados, pois, ***mediante a fé,*** temos paz com Deus, por meio de nosso Senhor Jesus Cristo." Romanos 5:1

### Boas obras não eram suficientes

Consideremos estas palavras bem temperadas de Jesus a respeito das boas obras:

> "Nem todo o que me diz: Senhor, Senhor! Entrará no reino dos céus.... ***Muitos*** naquele dia hão de dizer-me: Senhor, Senhor! Porventura não temos nós profetizado em teu nome, e em teu nome não expelimos demônios, e em teu nome não fizemos ***muitos milagres?***" Mateus 7:21-22

Multidões ficarão eternamente decepcionadas quando ouvirem Jesus dizer:

> "Nunca vos conheci. Apartai-vos de mim, os que praticais a iniqüidade."
> Mateus 7:23

Quão lamentável será que muitos não saibam que suas boas obras jamais poderão salvá-los, senão depois de morrerem e serem sentenciados à eternidade no inferno.

O Apóstolo Paulo faz outra declaração importante a respeito das boas obras:

> "Não anulo a graça de Deus; pois, se a justiça é mediante a lei, segue-se que morreu Cristo em vão." Gálatas 2:21

Em outras palavras, se você pudesse ganhar o céu através de suas boas obras, então Jesus teria sofrido a horrenda morte na cruz por nada.

Mas ele não morreu em vão. As Escrituras declaram que Jesus deu sua vida porque ***não havia outro meio*** de nossos pecados serem perdoados.

O único meio de nos tornarmos filhos de Deus é através da fé em Jesus Cristo. Boas obras jamais poderão fazê-lo.

> "Pois todos vós sois filhos de Deus ***mediante a fé*** em Jesus Cristo."
> Gálatas 3:26

A Bíblia reiteradamente torna clara a posição de Deus:

> "Quem ***nele crê não é julgado;*** o que não crê já está julgado, porquanto não crê no nome do unigênito Filho de Deus." João 3:18

Jesus ainda confirma esta verdade, ao dizer:

> "De fato a vontade de meu Pai é que todo homem que vir o Filho e ***nele crer***, tenha a vida eterna...." João 6:40

## Conclusão

Amigo Católico Romano, você precisa tomar outra decisão. Ou você crê na Palavra de Deus e aceita o dom ***gratuito*** da salvação através de Jesus Cristo, ou você acredita nas tradições da Igreja Católica, que a salvação é adquirida através de boas obras.

Você não pode escolher as doutrinas Católicas e a Palavra de Deus, simultaneamente, porque elas discordam uma da outra.

Minha oração é para que você faça a escolha certa. Se você escolher receber o dom gratuito da salvação de Deus, nós lhe explicaremos como fazê-lo, num instante:

> "A obra de Deus é esta, que creiais naquele (Jesus) que por ele (Deus) foi enviado." João 6:29

# 3

# A Igreja Perdoa Pecados

A Igreja Católica ensina que ela tem o poder e a autoridade para perdoar os pecados das pessoas. Aqui estão algumas passagens do Catecismo. (Por favor, note que quando o Catecismo menciona "Igreja" está se referindo à Igreja Católica Romana).

> "Não há pecado algum, por mais grave que seja, que a Santa Igreja não possa perdoar."
> P. 277, #982

> "Pela vontade de Cristo, a Igreja possui o poder de perdoar os pecados dos batizados, e o exerce através dos Bispos e dos presbíteros de maneira habitual no sacramento da Penitência." P. 278, #986

> "...A Igreja que, pelo Bispo e seus presbíteros, concede, em nome de Jesus Cristo, o perdão de pecados..." P. 399, #1448

Tem a Igreja Católica poder para perdoar pecados? Vejamos o que diz a Escritura:

> "Por que fala ele deste modo? Isto é blasfêmia! Quem pode perdoar pecados, ***senão um, que é Deus?***"
> Marcos 2:7

> "Antes sede uns para com os outros benignos, compassivos, perdoando-vos uns aos outros, como também, ***Deus em Cristo vos perdoou.***"
> Efésios 4:32

Conforme a Escritura, Deus quer que seus filhos venham diretamente a ele para serem perdoados e não a uma Igreja.

> "***Acheguemo-nos, portanto, confiadamente, junto ao trono da graça,*** a fim de recebermos misericórdia e acharmos graça para socorro em ocasião oportuna." Hebreus 4:16

Este verso proclama em alta voz que o perdão de pecados vem do trono de Deus, não de uma Igreja. Mesmo assim, o Catolicismo prega uma doutrina contrária:

> "De fato, são os Bispos e os presbíteros que têm, em virtude do sacramento da Ordem, o poder de perdoar todos os pecados 'em nome do Pai, e do Filho e do Espírito Santo'." P. 403, #1461

> "...Era preciso que ela (a Igreja) fosse capaz de perdoar as faltas a todos os penitentes, ainda que tivessem pecado até o último instante de sua vida." P. 277, #979

Entretanto, a doutrina feita pelo homem contradiz a Palavra escrita de Deus. Muitos personagens da Bíblia livremente aproximaram-se do trono de Deus para obter perdão de pecados:

> "Confessei-te o meu pecado... Disse: confessarei ***ao Senhor*** as minhas transgressões; e tu perdoaste a iniqüidade do meu pecado."
>
> Salmo 32:5

O Rei Davi foi diretamente a Deus para pedir perdão de seus pecados:

> "Considera as minhas aflições e os meus sofrimentos e ***perdoa todos os meus pecados.***" Salmo 25:18

No Salmo 51 Davi pede novamente a Deus que o perdoe:

> "Lava-me completamente da minha iniqüidade e purifica-me do meu pecado... Pequei contra ti, contra ti somente, e fiz o que é mal perante os teus olhos, de maneira que serás tido

> por justo no teu falar e puro no teu julgar." Salmo 51:2,4

O Rei Salomão também estava cônscio de que ele e todos os filhos de Israel poderiam ir diretamente a Deus para obter o perdão de seus pecados:

> "Ouve, pois, a súplica do teu servo e do teu povo de Israel, quando orarem neste lugar; ouve do lugar da tua habitação, dos céus; ouve e os perdoa." 2 Crônicas 6:21

Deus diz ao povo que venha até ele para receber perdão:

> "Se o meu povo, que se chama pelo meu nome, se humilhar, e orar, ***e me buscar,*** e se converter dos seus maus caminhos, ***então, eu ouvirei dos céus, perdoarei os seus pecados*** e sararei a sua terra." 2 Crônicas 7:14

Deus nunca exige que alguém vá através de uma Igreja para conseguir perdão de pecados.

> "Pois tu, Senhor, és bom e compassivo; abundante em benignidade ***para com todos os que te invocam.*** " Salmo 86:5

> "...caso alguém tenha motivo de queixa contra outrem. Assim como o

> Senhor vos perdoou, assim também perdoai vós." Colossenses 3:13

Por que, então, a Igreja Católica insiste em que o perdão de pecados só é possível através dela? A passagem do Catecismo vai dar a resposta:

> "Se na Igreja não existisse a remissão dos pecados, não existiria nenhuma esperança, nenhuma perspectiva de uma vida eterna. Demos graças a Deus que deu à sua Igreja um tal dom." P. 278, #983

Em vez de olhar para Jesus, a fim de obter o perdão dos pecados e a vida eterna, os Católicos Romanos são ensinados que seus pecados só podem ser perdoados através da Igreja Católica.

## Conclusão

Mais uma vez, a Palavra de Deus fica de um lado, enquanto as tradições dos homens ficam do outro. Deus afirma que só ele perdoa pecados, enquanto a Tradição Católica contende que só a Igreja Católica tem o poder de perdoar pecados. De que lado você vai ficar?

> "Bendize ó minha alma, ao Senhor, e não te esqueças de nem um só dos seus benefícios. ***Ele é quem perdoa todas as tuas iniqüidades...***"
>
> Salmo 103:2,3

# 4

# A Única Igreja Verdadeira

A Igreja Católica ainda ensina que ela é a única Igreja verdadeira fundada por Cristo? Muitos pensam que não, porém não existe qualquer posição oficial da Igreja negando isso:

> "Esta é a única Igreja de Cristo que no Símbolo confessamos una, santa, católica e apostólica." P. 232, #811

Referindo-se à Igreja Católica, o Catecismo pronuncia:

> "Na realidade, nesta una e única Igreja de Deus..." P. 234, #817

> "Ela (a Igreja) é Católica porque nela Cristo está presente. Onde está Cristo Jesus, está a Igreja Católica." P. 239, #830

A doutrina desta "única Igreja verdadeira" pode ser atribuída a um verso das Escrituras, o qual, quando comparado com outras Escrituras, não dá mostras de ensinar tal doutrina. Quando Jesus indagou aos seus discípulos quem ele era, Pedro respondeu:

> "Tu és o Cristo, o Filho do Deus vivo."
> Mateus 16:16

Em seguida Jesus respondeu a Pedro:

> "...Tu és Pedro, e sobre esta pedra edificarei a minha igreja, e as portas do inferno não prevalecerão contra ela." Mateus 16:18

O Catolicismo reitera que o Senhor estava se referindo a Pedro como a rocha, e então tem construído a religião Católica totalmente sobre tal premissa. Mas todas as demais Escrituras pertinentes declaram que Jesus estava se referindo a si mesmo como a rocha e não a Pedro.

> "E beberam da mesma fonte espiritual; porque bebiam de uma pedra espiritual que o seguia. ***E a pedra era Cristo.***" 1 Coríntios 10:4

Jesus não é apenas a rocha, ele é a pedra angular da Igreja.

> "Edificados sobre o fundamento dos apóstolos e profetas, sendo ele mesmo, Cristo Jesus, ***a pedra angular.***"
> Efésios 2:20

Antes, no Velho Testamento, já fora profetizado que Jesus, o qual seria rejeitado pelos homens, tornar-se-ia a pedra angular da Igreja:

> "A pedra que os construtores rejeitaram, essa veio a ser ***a principal pedra, angular.***" Salmo 118:22

O próprio Pedro, o suposto primeiro Papa, confessa que Jesus Cristo é a pedra angular da Igreja:

> "...em nome de Jesus Cristo, o Nazareno... Este Jesus é a pedra rejeitada por vós, os construtores, a qual se tornou ***pedra angular.***"
> Atos 4:10-11

> "...A pedra que os construtores rejeitaram, essa veio a ser ***a principal pedra angular.***" 1 Pedro 2:7

Conforme as Escrituras, Pedro NÃO é a rocha:

> "Pois quem é Deus senão o Senhor? ***E quem é rochedo senão o nosso Deus?***"
> Salmo 18:31

> "Porque proclamarei o nome do Senhor. Engrandecei o nosso Deus. ***Eis a Rocha...***" Deuteronômio 32:3-4

> "Somente em Deus, ó minha alma,

espera silenciosa: dele vem a minha salvação. ***Só ele é a minha rocha*** e a minha salvação." Salmo 62:1-2

"Mas o Senhor é o meu baluarte e o meu Deus, ***o rochedo em que me abrigo.***" Salmo 94:22

## Quem é a cabeça da Igreja?

Apesar de todas essas Escrituras, o Catolicismo ainda insiste em que Pedro foi a rocha e que seus sucessores são a cabeça da Igreja:

> "A única Igreja de Cristo... é aquela que nosso Salvador, depois da sua Ressurreição, entregou a Pedro para apascentar e confiou a ele e aos demais apóstolos para propagá-la e regê-la... Esta Igreja constituída e organizada neste mundo como uma sociedade, subsiste (subsistit in) na Igreja Católica governada pelo sucessor de Pedro e pelos Bispos em comunhão com ele." P. 234, #816

Mas a Bíblia declara que Jesus Cristo, e não Pedro e seus sucessores, é a cabeça da Igreja:

> "***Ele (Cristo) é a cabeça do corpo da Igreja.*** Ele é o princípio, o primogênito de entre os mortos, para em todas as cousas ter a primazia."
> Colossenses 1:18

> "E pôs todas as cousas debaixo dos pés e, para ser ***o cabeça sobre todas as cousas, o deu (Cristo)*** à Igreja."
> Efésios 1:22

> "Mas seguindo a verdade em amor, cresçamos em tudo naquele que é o ***cabeça, Cristo.*** " Efésios 4:15

## A "igreja" bíblica

Quando a Bíblia usa a expressão "a Igreja" ela se refere a todos os que confiam somente em Jesus Cristo para a salvação, não especialmente aos membros da Igreja Católica:

> "À igreja de Deus que está em Corinto, aos santificados em Cristo Jesus, chamados para ser santos, com ***todos os que em todo lugar invocam o nome de nosso Senhor Jesus Cristo.*** " 1 Coríntios 1:2

O apóstolo Paulo escreveu:

> "Maridos, amai vossa mulher, como também Cristo ***amou a Igreja,*** e a si mesmo se entregou por ela."
> Efésios 5:25

Paulo não era Católico, mesmo assim ele sabia que Cristo o amou e morreu por ele. Certamente ninguém se atreveria a dizer que Paulo não era um Cristão porque ele não era Católico.

Alguém poderia sugerir que Deus ama somente os Católicos? ...Ou que ele morreu somente pelos Católicos? Seria esse o caso, se a Igreja Católica fosse a única Igreja verdadeira.

Paulo ainda proclamou:

> "E andai em amor, como também Cristo ***nos*** amou, e se entregou a si mesmo por ***nós***..." Efésios 5:2

**Os não católicos podem ser cristãos?**

Como a "única Igreja verdadeira" o Catolicismo se acha no direito de determinar quem é ou não é cristão:

> "...Justificados pela fé recebida no Batismo, estão incorporados em Cristo, e por isso com razão são honrados com o nome de cristãos, e merecidamente reconhecidos pelos filhos da Igreja Católica..." P. 235, #818

Em outras palavras, se você não foi batizado na Igreja Católica, você não é Cristão. Estas palavras não são minhas, mas são as palavras oficiais do Catecismo Católico.

Mas de acordo com a Escritura, não importa se a Igreja Católica aceitou você ou não. Se a sua fé é somente em Jesus Cristo, então ele já o aceitou.

> "Para louvor da glória de sua graça, pela qual ***nos fez agradáveis*** a si no Amado." Efésios 1:6

## Conclusão

Neste ponto você tem de tomar algumas decisões:

- Pedro é realmente a rocha? O Catolicismo diz que ele é, mas a Palavra de Deus diz que não.
- A Igreja Católica é a única Igreja verdadeira? O Catecismo diz que sim, mas a Bíblia diz que não.
- Você acredita que todos os não Católicos irão queimar no inferno?

Mais uma vez, as respostas a estas perguntas serão determinadas pela sua escolha, em quem vai acreditar... nas tradições dos homens ou na Palavra de Deus? Jesus fez aos Fariseus uma pergunta na qual a Igreja Católica deveria meditar:

> "Por que transgredis vós também o mandamento de Deus por causa da vossa tradição?" Mateus 15:3

# 5

# O Batismo Salva

A Igreja Católica teima em afirmar que o Batismo é necessário para a salvação:

> "O Senhor mesmo afirma que o Batismo é necessário para a salvação." P. 349, #1257

Todos os Católicos deveriam ser avisados de que o Senhor não concorda com tal declaração. A Bíblia ensina que a salvação é um dom gratuito que as obras jamais podem comprar. Esta doutrina foi inventada pelo Catolicismo:

> "A Igreja não conhece outro meio senão o batismo para garantir a entrada na Bem-aventurança..." P. 350, #1257

> "...Os fiéis, de fato, renascidos no batismo..." P. 339, #1212

> "Pelo Batismo somos libertados do pecado e regenerados como filhos de Deus, tornamo-nos membros de Cristo e somos incorporados à Igreja..." P. 340, #1213

A Bíblia não poderia estar mais em desacordo:

> "Mas, a todos quantos ***o receberam,*** deu-lhes o poder de serem feitos filhos de Deus; a saber, aos que ***crêem no seu nome.***" João 1:12

Apesar de versos bíblicos como este, o Catecismo ensina que:

> "O Batismo não somente purifica de todos os pecados, como também faz do neófito 'uma criatura nova' (2 Co 5:17), um filho adotivo de Deus, que se tornou 'participante da natureza divina' (2 Pe 1:4), membro de Cristo e co-herdeiro com ele (Rm 8:17), templo do Espírito Santo." P. 351, #1265

> "Pelo Batismo todos os pecados são perdoados: o pecado original e todos os pecados pessoais, bem como todas as penas do pecado." (P. 351, #1263 (Ver também P. 278, #985)

Todas estas doutrinas violentam uma grande porção das Escrituras. A Bíblia ensina que somente Cristo pode perdoar nossos pecados. Praticar uma boa obra, como o Batismo, jamais poderá nos trazer perdão:

> "No qual temos a redenção pelo seu sangue (de Cristo), a remissão dos pecados..." Efésios 1:7

Se o Batismo fosse necessário à salvação teria o apóstolo Paulo proclamado?

> "Porque não me enviou Cristo para batizar, mas para pregar o evangelho..."
> 1 Coríntios 1:17

Ou teria este grande homem de Deus falado?

> "Dou graças (a Deus) porque a nenhum de vós batizei, exceto Crispo e Gaio." 1 Coríntios 1:14

A mensagem de João Batista foi:

> "Arrependei-vos, porque está próximo o reino dos céus..." Mateus 3:2

Após o arrependimento, então, eles eram...

> "...batizados no Rio Jordão, confessando seus pecados." Mateus 3:6

Ouçam o que o eunuco da Etiópia perguntou a Filipe, quando discutiam o assunto do Batismo:

> "Seguindo eles caminho fora, chegando a certo lugar onde havia água, disse o eunuco: Eis aqui água, que impede que seja eu batizado? [Filipe respondeu: ***é lícito, se crês de todo o coração.*** E, respondendo ele, disse: Creio que Jesus Cristo é o Filho de Deus]."
> Atos 8: 36-37

A Bíblia ensina que o Batismo deve ser ministrado depois da salvação, não como requisito à salvação. Quando o carcereiro de Filipos perguntou: *Senhores, que devo fazer para que seja salvo?* Paulo respondeu:

> "***Crê*** no Senhor Jesus e ***serás salvo,*** tu e tua casa... Naquela mesma hora da noite, cuidando deles, lavou-lhes os vergões dos açoites. A seguir foi ele batizado, e todos os seus." Atos 16:30-33

Primeiro eles creram, depois foram batizados. O Batismo sempre segue a salvação. Temos aqui outro exemplo:

> "Mas Crispo, o principal da Sinagoga, ***creu no Senhor,*** com toda a sua casa; também muitos dos Coríntios ouvindo, ***criam*** e eram batizados." Atos 18:8

Em Atos, capítulo 2, Pedro, o suposto primeiro Papa, pregou. Quando ele terminou:

> "Então os que lhe ***aceitaram a palavra*** foram batizados; havendo um acréscimo naquele dia de quase três mil pessoas." Atos 2:41

Novamente foram eles batizados não para se tornarem filhos de Deus, mas porque já eram filhos de Deus.

Quando Filipe pregou para o povo de Samaria, primeiro veio a salvação, depois veio o Batismo:

> "Quando, porém, ***deram crédito*** a Filipe, que os evangelizava a respeito do reino de Deus e do nome de Jesus Cristo, iam sendo batizados, assim homens como mulheres." Atos 8:12

Logo a seguir, na mesma passagem, Simão, um mágico enganador, seguiu o mesmo caminho:

> "O próprio Simão ***abraçou a fé,*** e tendo sido batizado, acompanhava Filipe..." Atos 8:13

O Catecismo estabelece:

> "Com efeito os sacramentos e, sobretudo o Batismo, que é a porta pela qual se entra na Igreja, são igualmente vínculos sagrados que os unem (os fiéis) a todos e os incorporam a Jesus Cristo." P. 268, #950

Logo antes de sua morte, o ladrão da cruz próxima à de Jesus pôs sua fé em Jesus Cristo. Obviamente ele nunca foi batizado, mesmo assim foi para o Paraíso. Por que? Porque a salvação vem através da fé em Cristo, não através do Batismo.

O Catolicismo defende a idéia de que quando uma pessoa está sendo batizada, é realmente Jesus quem a está batizando:

> "...Presente está pela sua força nos sacramentos, a tal ponto que, quando alguém batiza, é Cristo mesmo que batiza." P. 307, #1088

Estabelecida, simplesmente, esta é mais uma tradição Católica não encontrada na Palavra de Deus.

## Outra contradição

Aqui está outra doutrina Católica:

> "O Batismo, com efeito, é o selo da vida eterna." P. 354, #1274

Mas a Bíblia novamente discorda, estabelecendo que o destino eterno dos filhos de Deus foi selado com o Espírito Santo:

> "...tendo nele também crido, ***fostes selados com o Santo Espírito*** da promessa." Efésios 1:13

> "E não entristeçais o Espírito de Deus, no qual ***fostes selados*** para o dia da redenção." Efésios 4:30

## Conclusão

É o Batismo necessário à salvação? A tradição Católica e a Palavra de Deus estão em disputa. O Catecismo diz "sim", a Palavra de Deus diz "não."

Em quem você vai acreditar?

# 6

# O Papa: Vigário de Cristo

É o Papa o vigário (substituto) de Cristo na terra, controlando o poder universal sobre toda a Igreja? Se você acredita no Catecismo, ele é:

> "Com efeito, o Pontífice Romano, em virtude do seu múnus de Vigário de Cristo e de Pastor de toda a Igreja, possui na Igreja poder pleno, supremo e universal. E ele pode sempre livremente exercer este seu poder." P. 253, #882

> "O Pontífice Romano... como Pastor e Doutor supremo de todos os fiéis." P. 255, #891

Enquanto a Igreja Católica eleva o Papa à posição de "supremo pastor e doutor de todos os fiéis", a Palavra de Deus revela que alguém já ocupa esta posição:

> "Mas o Consolador, o Espírito Santo, a quem o Pai enviará em meu nome, ***esse vos ensinará todas as cousas*** e

> vos fará lembrar de tudo o que vos tenho dito." João 14:26

> "Quando vier, porém, o Espírito da Verdade, ***ele vos guiará a toda a verdade.***" João 16:13

Jesus prometeu que este infalível instrutor habitaria conosco para sempre:

> "E eu rogarei ao Pai, e ele vos dará outro Consolador, a fim de que esteja ***para sempre*** convosco." João 14:16

O Papa assumiu claramente uma posição reservada somente ao Santo Espírito de Deus. É uma posição que homem algum pode preencher.

> "Porque, qual dos homens sabe as cousas do homem, senão o seu próprio espírito que nele está? Assim também as cousas de Deus ***ninguém*** as conhece, senão o Espírito de Deus."
> 1 Coríntios 2:11

O apóstolo Paulo reitera que o Santo Espírito de Deus, não o homem, é o infalível mestre de todos os Cristãos:

> "Ora, nós não temos recebido o espírito do mundo, e, sim, o ***Espírito que vem de Deus,*** para que conheçamos o que

por Deus nos foi dado gratuitamente. Disto também falamos, não em palavras ensinadas pela sabedoria humana, ***mas ensinadas pelo Espírito...***"

1 Coríntios 2:12-13

**Semelhanças?**

Se o Papa é o substituto de Cristo na terra, deveria haver muitas similaridades em suas vidas. Vejamos:

- Enquanto na terra, Jesus jamais controlou grande riqueza. O Papa, porém, controla uma das mais ricas corporações do mundo.

- Jesus vestia-se como um homem comum. Por outro lado, o Papa nunca é visto senão em trajes reais.

- Jesus vivia rodeado de simplicidade, mas o Papa só vê opulência ao seu redor.

- Jesus servia as multidões incansavelmente, enquanto o Papa viaja pelo mundo em seu Jato particular, encontrando-se com líderes de todas as nações.

- Muitas pessoas eventualmente rejeitavam e odiavam Jesus porque ele falava a verdade. O Papa é venerado e adorado por milhões em todo o mundo.

• O Papa alegremente recebe o louvor dos homens, mas Jesus dirigia toda adoração ao Pai, e falou de si mesmo:

> "Por que me chamas bom? Ninguém é bom, senão um só, que é Deus."
> Marcos 10:18

Deveria o Papa aceitar a adoração das multidões? Vejamos como o "Papa" Pedro reagiu quando Cornélio tentou adorá-lo:

> "Aconteceu que indo Pedro a entrar, lhe saiu Cornélio ao encontro e, prostrando-se-lhe aos pés, o adorou: Mas Pedro o levantou, dizendo: Ergue-te, que eu também sou homem."
> Atos 10:25-26

## O Papa: cabeça da Igreja?

O Catecismo afirma que:

> "O Papa tem por instituição divina, poder supremo, pleno, imediato e universal na cura das almas." P. 266, #937

De acordo com a Palavra de Deus o Papa ***não*** é a cabeça da verdadeira Igreja de Jesus Cristo. Essa posição é reservada exclusivamente ao Senhor Jesus:

> "Porque o marido é o cabeça da

> mulher; como também ***Cristo é o cabeça da Igreja...***" Efésios 5:23

Quanto ao título de "Santo Padre" (santo pai) usado pelo Papa, o próprio Jesus já nos havia instruído:

> "A ninguém, sobre a terra chameis vosso pai; porque só um é vosso Pai, aquele que está no céu." Mateus 23:9

Também, o Papa não apenas aceita o título de "Pai", mas ainda de "Santo Pai" (Santo Padre), bem assim um título só a Deus reservado:

> "Quem não temerá e glorificará o teu nome, ó Senhor? Pois ***só tu és santo.***"
> Apocalipse 15:4

Não é sábio quem assume um nome reservado a Deus, pois ele não dividirá sua glória com ninguém:

> "Eu sou o Senhor, este é o meu nome; a ***minha glória, pois, não a darei a outrem...***" Isaías 42:8

## Mais questões preocupantes

Mais uma vez a doutrina Católica e as Escrituras discordam e muito. Como resultado, você deve escolher em que lado vai ficar nas seguintes questões:

• Por que Deus não nos avisou na Bíblia que iria enviar o Papa como o Vigário de Cristo?

• Por que a Bíblia insiste em que Jesus ainda é a cabeça da Igreja, se ele não é?

• Por que a Igreja Católica deseja que o Papa seja a autoridade final, em vez de Jesus?

• Por que a Igreja Católica deseja que o Papa seja seu mestre em vez do Espírito Santo de Deus?

## Conclusão

Só você pode responder estas perguntas por você mesmo. E só você pode decidir em quem você acreditará - nas tradições Católicas dos homens... ou na Palavra de Deus?

> "Também nele (Jesus) estais aperfeiçoados. Ele é o ***cabeça de todo principado e potestade.***"
>
> Colossenses 2:10

> "Ele (Cristo) é a cabeça do corpo, da Igreja..." Colossenses 1:18

# 7

# O Papa: Infalível

De acordo com a doutrina Católica, o Papa é infalível em matéria de doutrina, fé e moral.

> "Para manter a Igreja na pureza da fé transmitida pelos apóstolos, Cristo quis conferir à sua Igreja uma participação na sua própria infalibilidade, ele que é a Verdade. Pelo sentido sobrenatural da fé, o Povo de Deus se atém indefectivelmente à fé sob a guia do Magistério vivo da Igreja." P. 255, #889

O Catecismo reafirma a mesma crença, desta maneira:

> "Goza desta infalibilidade o Pontífice Romano, chefe do colégio dos Bispos, por força do seu cargo quando, na qualidade de pastor e doutor supremo de todos os fiéis, e encarregado de confirmar seus irmãos na fé, proclama, por um ato definitivo, um ponto de doutrina que concerne à fé e aos costumes... Esta infalibilidade tem a

> mesma extensão que o próprio depósito da Revelação divina." P. 255, #891

Infelizmente, esta doutrina é nada menos que outra tradição dos homens, a qual contradiz a Escritura. A Bíblia declara que ***todos*** os homens são pecadores. Ninguém é perfeito nem infalível em coisa alguma:

> "Pois todos pecaram e carecem da glória de Deus." Romanos 3:23

> "Como está escrito, ***não há*** justo, ***nem sequer um.***" Romanos 3:10

Note que você não leu "ninguém, exceto o Papa". Jesus é a única pessoa infalível que já existiu:

> "***Aquele que não conheceu pecado*** (Jesus), ele (Deus) o fez pecado por nós..." 2 Coríntios 5:21

## Também outros católicos são infalíveis?

O Catecismo ainda afirma que outros líderes Católicos também atingiram o estado de infalibilidade:

> "...O ofício pastoral do Magistério está assim ordenado ao cuidado para que o Povo de Deus permaneça na verdade que liberta. Para executar este serviço, Cristo dotou os pastores do carisma de infalibilidade em matéria de fé e costumes..." Pg. 255, #890

> "A infalibilidade do Magistério dos pastores se estende a todos os elementos da doutrina, incluindo a moral. Sem esses elementos, as verdades salutares da fé não podem ser guardadas, expostas ou observadas." P. 538, #2051

É importante compreender que não foi Deus quem declarou essa gente infalível, mas foram homens pecadores que o declararam.

As Escrituras estão cheias de homens pecadores. Mesmo aqueles que Deus usou, a maioria era gente pecadora. Deus se refere ao Rei Davi como *"um homem segundo o meu coração"* (Atos 13:22), mesmo sendo Davi um assassino e adúltero, dentre outras coisas.

O apóstolo Paulo e todos os demais apóstolos eram pecadores. Paulo fala de si mesmo:

> "A mim, ***o menor de todos os santos,*** me foi dada esta graça de pregar aos gentios o evangelho das insondáveis riquezas de Cristo." Efésios 3:8

***Ninguém,*** na Escritura, com exceção de Jesus, é infalível.

## Mais perguntas

Além de serem inescriturísticas, estas doutrinas tão abrangentes levantam outras questões que você terá de responder sozinho:

• Quando o Papa e outros líderes Católicos, que se dizem infalíveis, discordam da Palavra de Deus, então Deus deve estar errado. Você está de acordo com isso?

• Porque a Igreja Católica quer que você acredite que o Papa e outros líderes Católicos são infalíveis? Não será para levar os membros a maior escravidão e obediência à Igreja Católica?

• Onde foi que homens falíveis obtiveram autoridade para declarar outros homens como infalíveis?

• Por que a Igreja Católica se recusa a honrar Jesus Cristo, reconhecendo-o como o único infalível, conforme as Sagradas Escrituras ensinam?

## Conclusão

Aqui está mais uma tradição de homens, a qual levanta mais perguntas do que respostas.

Por favor, não aceite cegamente a doutrina Católica como verdadeira. Procure as respostas para essas perguntas na Palavra de Deus e em seguida coloque isto em seu coração:

> "E, tendo sido ***aperfeiçoado,*** (Jesus) tornou-se o Autor da salvação eterna para todos os que lhe obedecem."
>
> Hebreus 5:9

# 8

# Os Sacramentos Salvam

Os Sacramentos são necessários à salvação?

> "A Igreja afirma que para os crentes os sacramentos da nova aliança são necessários à salvação." P. 318, #1129

Que são sacramentos?

> "Há na Igreja sete sacramentos: o Batismo, a Confirmação, ou Crisma, a Eucaristia, a Penitência, a Unção dos Enfermos, a Ordem, o Matrimônio." P. 314, #1113

Os sete sacramentos são nada menos que uma série de boas obras. Como já vimos em capítulos anteriores, a Bíblia declara reiteradamente que boas obras jamais salvam alguém:

> "Visto que ***ninguém será justificado*** diante dele pelas obras..."
>
> Romanos 3:20

Aqui está o que Deus pensa de nossas boas obras:

> "Mas todos nós somos como o imundo, e todas as nossas justiças, como ***trapo da imundícia...***" Isaías 64:6

## Alguém precisa ser católico para se salvar?

Desde que os sacramentos são supostamente necessários à salvação, e desde que eles só estão disponíveis através da Igreja Católica, então, obviamente, a pessoa tem de ser membro fiel da Igreja Católica, a fim de ser salvo.

Todavia, você jamais ouviu uma pessoa que fale em nome do Catolicismo admitir isto, que é exatamente o que esta doutrina Católica estabelece.

Pergunto-lhe novamente: você pode aceitar que todos os que estão fora da Igreja Católica irão queimar eternamente no inferno?

## Tradições de homens

Por favor, entenda que estes sacramentos, que a Igreja Católica insiste em afirmar que são necessários à salvação, nem mesmo vieram de Deus. São regras feitas pelos homens que têm sido manipuladas através de gerações.

Então, quando você as cumpre não está obedecendo a Deus, mas obedecendo a tradições humanas.

O que mais interessa, em tais condições, é se estes sacramentos são realmente necessários, ou se a

Igreja Católica está usando as tradições dos homens para submeter o povo a uma obediência à Igreja pela vida inteira, sob a ameaça de condenação eterna.

### Salvação: através de Cristo ou dos sacramentos?

Se os sacramentos são necessários à salvação, por que a Palavra de Deus proclama o seguinte?

> "Estes, porém, foram registados para que creiais que Jesus é o Cristo, o Filho de Deus, e para que, ***crendo,*** tenhais vida ***em seu nome.***" João 20:31

O apóstolo Paulo usa estas simples palavras sobre o assunto:

> "Certamente a palavra da cruz é loucura para os que se perdem, mas para nós, que somos salvos, poder de Deus." 1 Coríntios 1:18

Amigo Católico: você acredita que as boas obras, como os sacramentos, são necessárias à salvação? Você acha *bobagem* crer que a salvação só pode ser conseguida através da obra de Cristo na cruz? Se assim for, a Palavra de Deus o avisa que você vai perecer no inferno!

Quando Jesus afirmou que a salvação vem

somente através dele, não apenas estava falando a verdade. Ele estava repetindo o que ouviu do Pai:

> "Mas agora procurais matar-me, a mim que vos tenho ***falado a verdade que ouvi de Deus...*** " João 8:40

Admitir que Jesus está errado é admitir que o Pai está errado, assim, pois, Jesus continua explicando porque as pessoas se recusam a crer em suas palavras:

> "Quem é de Deus ouve as palavras de Deus; porisso não me dais ouvidos, ***porque não sois de Deus.*** " João 8:47

Para aceitar esta doutrina Católica, você deve recusar-se a ouvir a Palavra de Deus. Jesus diz que se você o fizer, então você não é de Deus.

## Conclusão

Você tem certeza, além de qualquer sombra de dúvida, amigo Católico Romano, que você é de Deus?

Você está querendo voltar as costas à Palavra de Deus, a fim de aceitar palavras de homens? Se você pode, então terá razão para ficar muito inseguro:

> "Então Pedro e os demais apóstolos afirmaram: ***Antes importa obedecer a Deus do que aos homens.*** " Atos 5:29

# 9

# O Pecado da Presunção

A Igreja Católica afirma que ter a certeza de ir para o céu após a morte é cometer o pecado da presunção.

> "Há duas espécies de 'presunção'. Ou o homem presume de sua capacidade (esperando poder salvar-se sem a ajuda do alto), ou então presume da onipotência ou da misericórdia de Deus (esperando obter seu perdão sem conversão e a glória sem mérito)." P. 551, #2092

Ao tomar esta posição, a Igreja Católica novamente se atira contra as Escrituras escritas:

> "Estas cousas vos escrevi, ***a fim de saberdes que tendes a vida eterna,*** a vós outros que credes em o nome do Filho de Deus." 1 João 5:13

Para e pense por um momento: Se existe um lugar chamado céu, um maravilhoso paraíso além de toda imaginação, e se existe um lugar de tormento eterno chamado inferno, não iria um Deus amoroso nos dizer como obter um e evitar o outro?

Iria Deus nos deixar sofrer uma vida inteira, jamais nos permitindo saber como poderíamos escapar das chamas do inferno e ter a certeza de ir gozar no paraíso junto com ele?

Iria um Deus amoroso dizer: "faça tantas boas obras quanto puder, depois cruze as mãos e espere o melhor, quando você comparecer diante de mim, algum dia"?

Não, isso não seria amor, seria tortura. Seria crueldade da pior espécie. Um Deus de amor iria nos dar um plano claro e simples mostrando-nos como evitar esse horrendo lugar de tormentos e ter a certeza do céu. E ele o fez:

> "Porque Deus amou ao mundo de tal maneira que deu o seu Filho unigênito, para que todo aquele ***que nele crê*** não pereça, mas ***tenha a vida eterna.***"
>
> João 3:16

A Bíblia declara que aqueles que recebem Jesus Cristo pela fé e colocam nele sua confiança podem saber agora mesmo que já possuem a vida eterna:

> "Porisso quem crê no Filho ***tem a vida eterna;*** o que, todavia, se mantém rebelde contra o Filho não verá a vida, mas sobre ele permanece a ira de Deus." João 3:36

> "Quem ouve a minha palavra e crê naquele que me enviou, ***tem a vida eterna,*** não entra em juízo, mas passou da morte para a vida." João 5:24

Não é pecado presumir que você vai para o céu, se você nasceu na família de Deus através da fé em Jesus Cristo. É um fato bíblico e uma preciosa promessa do Senhor Jesus. Jamais será presunção segurar Deus pela sua Palavra. De fato, ele gosta quando o fazemos:

> "As minhas ovelhas ouvem a minha voz; eu as conheço, e elas me seguem. Eu lhes dou a vida eterna; ***jamais perecerão eternamente,*** e ninguém as arrebatará da minha mão."
> João 10:27-28

Deus quer que seus filhos descansem no fato de que eles nasceram em sua família e que seu destino eterno já está estabelecido:

> "Em verdade, em verdade vos digo:

> quem crê (em mim) ***tem a vida eterna.***" João 6:47

Note que a promessa não é de que você a terá algum dia, se fizer bastante boas obras. Você pode tê-la ***agora mesmo.*** Esta é a vontade de Deus. Jesus disse:

> "De fato, a vontade de meu Pai é que todo homem que vir o Filho ***e nele crer,*** tenha a vida eterna; e eu o ressuscitarei no último dia." João 6:40

Paulo não se considerou presunçoso, quando declarou que estava a caminho do céu:

> "Ora, de um e outro lado estou constrangido, tendo o desejo de partir e estar com Cristo, o que é incomparavelmente melhor." Filipenses 1:23

Precioso amigo Católico Romano, você não vê que esta doutrina o deixa amarrado? A Igreja não quer que você saiba que o seu destino eterno está estabelecido, porque você não mais precisaria desta Igreja.

Como é trágico ver que os Católicos permanecem escravos, servindo uma Igreja na esperança de ganhar o céu, quando o desejo de Deus é que já tenham essa certeza agora mesmo:

"Na esperança da vida eterna que o Deus que não pode mentir ***prometeu,*** antes dos tempos eternos." Tito 1:2

"E esta é a promessa que ele mesmo nos fez, ***a vida eterna.***" 1 João 2:25

## Você deve nascer de novo

Para ter esta segurança, você deve nascer de novo:

"A isto respondeu Jesus: Em verdade, em verdade te digo que se alguém não nascer de novo, não pode ver o reino de Deus." João 3:3

Para nascer de novo, você deve receber Jesus Cristo pela fé como seu Salvador pessoal e confiar somente nele para a salvação. Quando fizer isso, você nascerá na família de Deus:

"Mas a todos quantos o receberam, deu-lhes o poder de serem feitos filhos de Deus; a saber; aos que crêem no seu nome." João 1:12

Uma vez dentro da família de Deus, você se torna um co-herdeiro com Jesus Cristo:

"Ora, se somos filhos, somos também herdeiros, herdeiros de Deus e co-herdeiros com Cristo..."

Romanos 8:17

Como herdeiro, você não tem com que se preocupar a respeito do seu destino. Você tem a promessa:

> "Para uma herança incorruptível, sem mácula, imarcescível, ***reservada nos céus para vós...***" 1 Pedro 1:4

Não é lindo? Uma herança eterna no céu já está reservada para todos aqueles que se tornam filhos de Deus. Jesus relembrou àqueles que confiavam nele:

> "Na casa de meu Pai há muitas moradas. Se assim não fora, eu vô-lo teria dito. Pois vou preparar-vos lugar." João 14:2

Você está vendo a verdadeira natureza de Deus? Ele o ama e quer que você saiba que não é presunção crer em sua Palavra e descansar em sua bondade. Deus o ama e quer que você ***saiba*** que já tem a vida eterna... agora mesmo!

## A escravidão pode ser desfeita

Deus não quer que você continue atado a uma religião de obras. Ele quer ter um relacionamento pessoal com você baseado em sua maravilhosa graça. Deus não quer que você se torture imaginando onde irá passar a sua eternidade.

Peça a Deus que abra seus olhos, a fim de conhecer esta verdade maravilhosa. Em seguida, ***receba*** Jesus, dizendo de coração uma oração como esta:

> Querido Pai Celestial:
>
> Confesso que tenho posto minha fé numa religião e não em ti. Tenho tentado ganhar o céu obedecendo as boas obras da minha Igreja. Mas agora eu vejo que as boas obras jamais me levarão ao céu. Só aceitando Jesus é que eu poderei ganhar a vida eterna.
>
> Agora mesmo, peço que Jesus Cristo entre em meu coração e me salve. Arrependo-me de meus pecados e me arrependo de ter colocado minha fé na Igreja Católica. De agora em diante confiarei somente em Jesus.
>
> Agradeço-te por teres me mostrado a verdade e pela salvação da minha alma. Agradeço-te pela segurança do céu. Em nome de Jesus, Amém.

Se você fez esta oração, do fundo do seu coração, Deus lhe garante que, de agora em diante, você é Seu filho e que você irá para o céu quando morrer.

## Presunção ou Fé?

Não é presunção segurar Deus pela sua Palavra. Isto se chama Fé. Quando Jesus andou pela terra ele fez esta maravilhosa promessa a todos os que Nele puseram sua fé:

> "E quando eu for, e vos preparar lugar, voltarei e vos receberei para mim mesmo, para que onde eu estou estejais vós também." João 14:3

Confie em Cristo agora mesmo. Você ficará feliz por causa disso:

> "Pois o Senhor ama a justiça e não desampara os seus santos; ***serão preservados para sempre,*** mas a descendência dos ímpios será exterminada."
>
> Salmo 37:28

# 10

# Batismo Infantil

O Batismo Infantil é uma das doutrinas mais críticas da Igreja Católica:

> "Por nascerem com uma natureza humana decaída e manchada pelo pecado original, também as crianças precisam do novo nascimento no Batismo, a fim de serem libertadas do poder das trevas e serem transferidas para o domínio da liberdade dos filhos de Deus, para o qual todos os homens são chamados. A gratuidade pura da graça da salvação é particularmente manifesta no Batismo das crianças. A Igreja e os pais privariam então a criança da graça inestimável de tornar-se filho de Deus se não lhe conferissem o Batismo pouco depois do nascimento." P. 348, #1250

O Catolicismo nos conta onde esta doutrina básica se originou:

> "A prática de batizar as crianças ***é uma tradição imemorial da Igreja.*** É atestada explicitamente desde o segundo século..."
> P. 348, #1252 *(Ênfase do autor)*

Aqui o Catecismo admite que esta doutrina não é baseada na Escritura. É uma tradição humana. A admoestação de Paulo cairia bem aqui:

> "Cuidado que ninguém vos venha a enredar com sua filosofia e vãs sutilezas, conforme a tradição dos homens, conforme os rudimentos do mundo, e não segundo Cristo." Colossenses 2:8

## O Batismo na Bíblia

O que torna esta prática especialmente perturbadora é que a Bíblia não registra uma única ocorrência de qualquer criança sendo batizada. Pelo contrário, qualquer menção sobre o Batismo envolve pessoas bastante crescidas para ouvir e receber o evangelho.

Jesus já era adulto quando foi batizado:

> "Batizado Jesus, saiu logo da água..."
> Mateus 3:16

Através de toda a Bíblia o Batismo sempre veio depois da salvação. O eunuco etíope que foi levado à salvação por Filipe era um adulto quando foi batizado:

> "...Ambos desceram à água, e Filipe batizou o eunuco." Atos 8:38

Outros foram batizados depois que creram:

> "Mas Crispo, o principal da Sinagoga, ***creu no Senhor,*** com toda a sua casa; também muitos dos Coríntios, ouvindo, ***criam*** e eram batizados." Atos 18:8

Depois que alguns escutaram a mensagem de João Batista para se arrepender, eram:

> "...batizados no Rio Jordão, confessando seus pecados." Mateus 3:6

Obviamente, crianças recém-nascidas não podiam se arrepender, crer ou confessar seus pecados. Por conseguinte, elas não eram qualificadas conforme a Escritura para serem batizadas.

### O carcereiro de Filipos

Quando o carcereiro de Filipos, que guardava Paulo, perguntou: *"Que devo fazer para ser salvo?"* (Atos 16:30), Paulo respondeu: *"Crê no Senhor Jesus"* (v. 31). Depois que ele creu, Paulo o batizou (v. 33).

Quando Pedro pregou, em Atos capítulo 2:

> "... os que lhe ***aceitaram a palavra*** foram batizados, havendo um acréscimo naquele dia de quase três mil pessoas."
> Atos 2:41

Quando Filipe pregou ao povo de Samaria, homens e mulheres foram batizados, mas nenhuma criança o foi:

> "Quando, porém, deram crédito a Filipe, que os evangelizava a respeito do reino de Deus e do nome de Jesus Cristo, iam sendo batizados, ***assim homens como mulheres.***" Atos 8:12

Se a Palavra de Deus é tão explícita que somente aqueles bastante crescidos para ouvir e receber a Palavra de Deus devem ser batizados, então por que o Catolicismo exige que os recém-nascidos sejam batizados? É para trazer as pessoas amarradas à Igreja, logo depois do seu nascimento? Resolva esta questão dentro do seu próprio coração.

## Conclusão

Quando você foi batizado em criança, você foi realmente batizado ou foi apenas aspergido com um pouco d'água? Isso vai depender apenas do que você vai acreditar - na Palavra de Deus ou nas tradições dos homens. Por favor, guarde na mente as palavras que Jesus disse sobre os líderes religiosos do seu tempo:

> "...Jeitosamente rejeitais o preceito de Deus para guardardes a vossa própria tradição." Marcos 7:9

# 11

# Graus de Pecados

O Catolicismo ensina aos Católicos que existem vários graus de pecados:

> "Convém avaliar os pecados segundo a sua gravidade." P. 497, #1854

Primeiro são os pecados veniais:

> "Comete-se um 'pecado venial' quando não se observa, em matéria leve, a medida prescrita pela lei moral, ou então quando se desobedece a lei moral em matéria grave, mas sem pleno conhecimento ou sem pleno consentimento." P. 498, #1862

Em seguida vêm os pecados mortais:

> "O pecado mortal é uma possibilidade radical da liberdade humana, como o próprio amor. Acarreta a perda da caridade e a privação da graça santificante, isto é, do estado de graça. Se este estado não for recuperado mediante o arrependimento e o perdão de Deus, causa a exclusão do Reino de Cristo e a morte eterna no inferno..." P. 498, #1861

(Veja também as páginas 286, #1014;
291, #1033; 292, #1035 e 292, #1037)

Com a ameaça da "morte eterna no inferno" pesando sobre sua cabeça, várias perguntas importantes precisam de respostas, como:

- O que especificamente é um pecado mortal?
- Quanto se precisa de arrependimento para ser perdoado?
- De que modo saberei quando alguém foi perdoado?
- Por que a Bíblia silencia sobre este assunto?

Tragicamente o Catolicismo não apresenta respostas para tais perguntas.

## O que a Bíblia ensina?

Quando nos voltamos para a Palavra de Deus, encontramos um quadro totalmente diferente:

> "Todo aquele que pratica o pecado, também transgride a lei; porque ***o pecado é a transgressão da lei.***"
>
> 1 João 3:4

Uma vez que todos quebramos um mandamento de Deus, a Bíblia declara que todos somos pecadores:

> "Pois ***todos pecaram*** e carecem da glória de Deus." Romanos 3:23

Por causa do pecado todos nós merecemos morrer e sofrer o castigo do inferno:

"***O salário do pecado é a morte...***"
Romanos 6:23

A Palavra de Deus não faz distinção quanto à gravidade de certos pecados. Ela simplesmente declara que o salário do ***pecado*** é a morte.

Mas Deus, pela sua imensa graça e amor, enviou seu Filho Jesus Cristo para morrer sobre a cruz e pagar o preço de ***todos*** os pecados, de uma vez por todas.

> "Jesus, porém, tendo oferecido, para sempre, um único sacrifício pelos pecados, assentou-se à destra do Pai."
> Hebreus 10:12

A verdadeira salvação só é possível através de Jesus Cristo, porque somente ele pôde derramar seu sangue sem mácula, a fim de pagar a penalidade de todo pecado:

> "No qual temos a redenção, ***a remissão dos pecados.***" Colossenses 1:14

> "Porque isto é o meu sangue, o sangue da (nova) aliança, derramado em favor de muitos, ***para remissão de pecados.***"
> Mateus 26:28

Enquanto Deus espera que seus filhos lhe confessem seus pecados, uma vez que os pecados são confessados e perdoados, Deus nos faz esta maravilhosa promessa:

> "...Também de nenhum modo me lembrarei dos seus pecados e das suas iniqüidades, para sempre."
>
> Hebreus 10:17

## Jesus é novamente rebaixado

Aqui novamente rouba-se a honra de Jesus Cristo. Por causa do ato altruístico de amor de nosso Senhor sobre a cruz, só ele merece o crédito pela remissão dos pecados da humanidade.

O Catolicismo, todavia, rebaixa o Senhor e lhe rouba a honra e a glória que somente ele merece, quando declara que ínfimos pecadores podem ajudar a pagar por diferentes graus de pecados através de suas boas obras.

## Conclusão

Novamente você deve escolher. Vai permanecer atado ao Catolicismo, crendo que alguns pecados são piores do que outros e que boas obras constantes são necessárias para pagar por esses vários graus de pecados?

Ou você vai confiar na Palavra de Deus, que afirma ter Jesus morrido para pagar o preço de todos os pecados, de uma vez por todas?

> "Antes de tudo vos entreguei o que também recebi; que ***Cristo morreu pelos nossos pecados,*** segundo as Escrituras." 1 Coríntios 15:3

# 12

# Transubstanciação

Durante a missa, os padres supostamente têm o poder sobrenatural de transformar o pão e o vinho no real e literal corpo e sangue de Jesus Cristo:

> "O Concílio de Trento resume a fé católica ao declarar: 'por ter Cristo, nosso Redentor, dito que aquilo que oferecia sob a espécie do pão era verdadeiramente o seu corpo', sempre se teve na Igreja esta convicção, que o santo Concílio declara novamente: pela consagração do pão e do vinho opera-se a mudança de toda a substância do pão na substância do Corpo de Cristo, nosso Senhor, e de toda a substância do vinho na substância do seu Sangue; esta mudança, a Igreja Católica denominou-a com acerto e exatidão de transubstanciação." P. 380, #1376

Esta parte do Catecismo revela que a Igreja Católica ainda adere a esta doutrina, a qual foi definida no Concílio de Trento.

> "Encontram-se no cerne da celebração da Eucaristia o pão e vinho, os quais, pelas palavras de Cristo e pela invocação do Espírito Santo, se tornam o Corpo e o Sangue de Cristo." P. 367, #1333

O Catecismo também especifica quando Cristo entra na Eucaristia e quanto tempo ele permanece:

> "A presença eucarística de Cristo começa no momento da consagração e dura também enquanto subsistirem as espécies eucarísticas. Cristo está presente inteiro em cada uma das espécies e inteiramente em cada uma das partes delas, de maneira que a fração do pão não divide o Cristo." P. 380, #1377

Desde que o Catolicismo ensina seus membros a tomar parte em literal canibalismo, esta doutrina exige sério exame. Para começar devemos examinar a origem desta doutrina. Ela é de Deus ou é tradição de homens? O Catolicismo insiste em que ela é escriturística, citando as palavras de Jesus em João 6:

> "Respondeu-lhes Jesus: Em verdade, em verdade vos digo: se não comerdes a carne do Filho do homem e não beberdes o seu sangue, não tendes a vida em vós mesmos. Quem comer a minha carne e beber o meu sangue

> tem a vida eterna, e eu o ressuscitarei no último dia." João 6:53-54

Embora estes versos pareçam ensinar canibalismo, se você ler a passagem inteira no contexto, a significação torna-se clara. Logo antes de fazer esta declaração, Jesus disse:

> "Porque o pão de Deus é o que desce do céu e dá vida ao mundo. Então lhe disseram: Senhor, dá-nos sempre desse pão. Declarou-lhes, pois, Jesus: Eu sou o pão da vida; o que vem a mim jamais terá fome e o que ***crê em mim*** jamais terá sede." João 6:33-35

Este ensino é consistente com o resto da Escritura. A vida eterna vem através da crença em Jesus Cristo, não comendo o seu corpo. O Senhor prossegue esclarecendo mais:

> "De fato, a vontade de meu Pai é que todo homem que vir o Filho ***e nele crer tenha a vida eterna...*** " João 6:40

Novamente Jesus mostra que a vida eterna vem através da crença nele. Quando os discípulos do Senhor murmuraram sobre estas palavras, Jesus explicou:

> "O Espírito é o que vivifica; a carne

> para nada aproveita; as palavras que vos tenho dito ***são espírito*** e são vida." João 6:63

Jesus estava falando espiritualmente, não fisicamente. Ele estava explicando que espiritualmente toda vida vem através da fé nele, não comendo o seu corpo.

Em nenhum lugar na Bíblia Deus endossa o canibalismo. De fato Deus proíbe esta prática:

> "Carne, porém, com sua vida, isto é, com seu sangue, ***não comerás.***"
> Gênesis 9:4

> "...***Nenhuma alma de entre vós comerá sangue,*** nem o estrangeiro que peregrina entre vós o comerá."
> Levíticos 17:12

Deus jamais ordenaria seu povo a fazer uma coisa que ele houvesse proibido.

## O propósito Bíblico

As instruções de Paulo na 1 Coríntios 11 lançam ainda mais luz sobre este assunto:

> "Porque eu recebi do Senhor o que também vos entreguei: que o Senhor Jesus, na noite em que foi traído, tomou o pão; e tendo dado graças, o partiu e

> disse: Isto é o meu corpo, que é dado por vós; fazei isto em memória de mim. Por semelhante modo, depois de haver ceado, tomou também o cálice, dizendo: Este cálice é a nova aliança no meu sangue; ***fazei isto,*** todas as vezes que o beberdes, ***em memória de mim.***"
> 1 Coríntios 11:23-24

Quando Jesus disse: "Tome, coma; este é o meu corpo", ele não estava sugerindo que eles corressem e começassem a comer seu corpo literal. Até sugerir isto é ridículo. Ele estava falando espiritualmente sobre o que ele estaria realizando na cruz.

Note como este verso termina "...fazei isto em memória de mim". Considerando que a Ceia do Senhor é uma ***recordação*** da obra de Cristo no Calvário, não uma renovação. O mesmo acontece com o sangue de Cristo:

> "Por semelhante modo, depois de haver ceado, tomou também o cálice, dizendo: este cálice é a nova aliança no meu sangue; fazei isto, todas as vezes que o beberdes, ***em memória de mim.***"
> 1 Coríntios 11:25

O próprio Jesus ensinou a mesma lição aos seus discípulos na Última Ceia:

> "E (Jesus), tomando o pão, tendo dado graças, o partiu e lhes deu, dizendo: Isto é o meu corpo oferecido por vós; ***fazei isto em memória de mim.***"
>
> Lucas 22:19

## Conclusão

Uma vez que a transubstanciação é outra tradição Católica sem base bíblica, algumas perguntas intrigantes aguardam respostas:

- Por que a Igreja Católica deliberadamente toma um verso da Escritura fora do contexto e constrói uma doutrina que a Bíblia não ensina?

- Porque preferiria a Igreja Católica que você comesse o corpo de Deus em vez de colocar nele a sua fé?

- Mais importante, pode você conscientemente tomar parte nesta prática, agora que conhece a verdade?

> "Portanto aquele que sabe que deve fazer o bem e não faz nisso está pecando." Tiago 4:17

# 13

# Eucaristia: Preserva do Pecado

Participar da Eucaristia dá aos Católicos o poder de ficarem limpos de seus pecados passados e preservá-los dos pecados futuros?

> "...É porisso que a Eucaristia não pode unir-nos a Cristo sem purificar-nos ao mesmo tempo dos pecados cometidos e sem preservar-nos dos pecados futuros." P. 385, #1393

> "Pela mesma caridade que acende em nós, a Eucaristia nos preserva dos pecados mortais futuros." P. 386, #1395

Mais uma vez a Palavra de Deus e a Tradição Católica não poderiam ficar mais distanciadas. Com respeito à purificação de pecados passados, a Bíblia declara que todos os pecados são removidos através do sangue de Cristo:

> "...E ***o sangue*** de Jesus, seu Filho, ***nos purifica de todo pecado.*** " 1 João 1:7

> "E da parte de Jesus Cristo, a Fiel Testemunha... Aquele que nos ama e, ***pelo seu sangue, nos libertou dos nossos pecados.***" Apocalipse 1:5

O Catecismo solapa de Cristo o crédito. Só ele tem o mérito de ter purificado as pessoas de seus pecados e o crédito, em vez de uma obréia como obra complementar. Por que Jesus é novamente rebaixado?

> "Tais fostes alguns de vós; mas vós vos ***lavastes,*** mas fostes santificados, mas fostes justificados ***em o sangue do Senhor Jesus Cristo*** e no Espírito do nosso Deus." 1 Corintios 6:11

**Preservando dos pecados futuros**

Não existe evidência bíblica de que comer um pedaço de pão possa preservar alguém de cometer futuros pecados. A única função prática desta doutrina é manter os membros presos à Igreja Católica recebendo a Eucaristia, na esperança de que ela os preservará dos pecados.

A não ser o fato de manter as pessoas presas à Igreja não há outra coisa que explique a prática desta doutrina.

Embora a Palavra de Deus não endosse esta

prática, ela sugere um modo de você se proteger de pecados:

> "Guardo no coração as tuas palavras, ***para não pecar contra ti.***"
>
> Salmo 119:11

> "De que maneira poderá o jovem guardar puro o seu caminho? ***Observando-o segundo a tua palavra.***"
>
> Salmo 119:9

Para você se preservar do pecado, Deus sugere que você leia, memorize e obedeça a Bíblia. Curiosamente a Igreja Católica discorda. Parece que a liderança da Igreja Católica prefere que você busque ajuda na Igreja em vez de na Palavra de Deus.

Você deve decidir por que:

> "O Senhor ***te guardará de todo mal;*** guardará a tua alma." Salmo 121:7

> "Tu és o meu esconderijo; ***tu me preservas*** da tribulação e me cercas de alegres cantos de livramento."
>
> Salmo 32:7

> "O Senhor me livrará também de toda obra maligna e ***me levará salvo*** para o seu reino celestial. A ele, glória

> pelos séculos dos séculos. Amém."
> 2 Timóteo 4:18

## Conclusão

Para limpar você dos pecados passados e proteger dos pecados futuros, o Catolicismo exige que você olhe para um pedaço de pão.

Imperativo é que você entenda que esta tradição de homens contradiz diretamente a Palavra de Deus. Para obedecer esta doutrina Católica você tem de rejeitar as Sagradas Escrituras.

Você realmente deseja fazer isto?

> "Ora, ***aquele que é poderoso para vos guardar de tropeços*** e para vos apresentar com exultação, imaculados diante da sua glória, ao único Deus, nosso Salvador, mediante Jesus Cristo, Senhor nosso, glória, majestade, império e soberania, antes de todas as eras, e agora, e por todos os séculos, Amém." Judas 24-25

# 14

# Eucaristia: Ajuda os Mortos

Participar da Eucaristia, dá aos Católicos que ainda estão vivos uma oportunidade de ajudar os mortos:

> "O Sacrifício Eucarístico é também 'oferecido pelos fiéis defuntos' que morreram em Cristo e não estão ainda plenamente purificados, para que possam entrar na luz e na paz de Cristo."
> P. 378, #1371

> "O Sacrifício Eucarístico... a Igreja exprime sua comunhão eficaz com o defunto." P. 460, #1689

Esta doutrina, intimamente chocante, ensina aos Católicos Romanos a crença de que, recebendo regularmente a Eucaristia, poderão ajudar seus amados defuntos a alcançar o céu mais depressa.

Se esta doutrina é de Deus, então você deve obedecê-la. Mas se é uma doutrina engendrada por homens para manter você preso à Igreja, então é um método cruel e desalmado de controlar as pessoas. Vejamos o que Deus fala sobre isto.

### Jamais mencionado

Você pode vasculhar as Escrituras do início ao fim, porém não encontrará a Eucaristia ajudando uma única pessoa falecida. E personagem algum da Bíblia jamais recebeu a Eucaristia em favor de um defunto amado.

Como você deve suspeitar, esta tradição Católica não está apenas ausente da Palavra de Deus, como ainda a viola diretamente. A Bíblia ensina que cada um de nós dará contas de nossa vida:

> "Assim, pois, cada um de nós dará contas ***de si mesmo*** a Deus."
>
> Romanos 14:12

### Jesus realizou toda a obra

As pessoas entram no céu unicamente por causa da boa obra de Jesus Cristo feita na cruz. A salvação é um dom de Deus, não algo que se ganha por justiça própria ou pela justiça de amigos e entes amados.

### A morte, depois o julgamento

A Bíblia declara que, após a morte, cada um vai enfrentar Deus em julgamento. Não haverá mais chances:

> "E assim como aos homens está ordenado morrerem uma só vez, ***vindo, depois disto, o juízo.***"
>
> Hebreus 9:27

Aqueles que não colocam sua fé em Cristo enquanto estão vivos já estão condenados ao inferno:

> "Quem nele crê (em Jesus) não é julgado; o que não crê ***já está julgado,*** porquanto não crê no nome do unigênito Filho de Deus." João 3:18

A ira de Deus cai sobre todos aqueles que morrem sem Cristo:

> "Porisso quem crê no Filho tem a vida eterna; o que, todavia, se mantém rebelde contra o Filho não verá a vida, mas sobre ele ***permanece a ira de Deus.***" João 3:36

A Bíblia nada fala sobre a ira de Deus sendo pacificada porque alguém recebe a Eucaristia em favor dos seus amados defuntos. A única maneira de evitar a condenação de Deus é colocar sua fé em Jesus Cristo enquanto você está vivo. Jesus declarou:

> "... quem ouve a minha palavra e crê

> naquele que me enviou tem a vida eterna, ***não entra em juízo,*** mas passou da morte para a vida."
>
> João 5:24

## Conclusão

Mais uma vez estamos lhe deixando várias questões a serem respondidas:

- Por que esta tradição da Igreja Católica é tão diametralmente oposta à Palavra de Deus?
- Por que a Igreja deseja seus membros realizando rituais pelos mortos, quando a Palavra de Deus afirma que tais práticas não devem ser usadas?
- Não será este mais outro método para manter as pessoas ligadas à Igreja Católica?

Mais que tudo, você precisa entender que para continuar praticando estas tradições feitas por homens, você terá de rejeitar as legítimas palavras de Jesus Cristo. Você tem certeza de que deseja fazê-lo?

> "Cuidado que ninguém vos venha a enredar com a sua filosofia e vãs sutilezas, conforme a tradição dos homens, conforme os rudimentos do mundo e não segundo Cristo."
>
> Colossenses 2:8

# 15

# Maria Salva

Maria, a mãe de Jesus, desempenha algum papel na salvação da Humanidade?

> "...Assunta aos céus, (Maria) não abandonou este múnus salvífico, mas por sua múltipla intercessão continua a alcançar-nos os dons da salvação eterna." P. 274, #969

> "...Pela obediência, fé, esperança e ardente caridade, ela cooperou na obra do Salvador para a restauração da vida sobrenatural das almas..." P. 273, #968

Esta doutrina está na Bíblia? De acordo com a Palavra de Deus, Maria jamais teve qualquer coisa a ver com o processo da salvação. As Escrituras revelam que Jesus é o ÚNICO que pode prover salvação:

> "E não há salvação ***em nenhum outro;*** porque abaixo do céu não existe ***nenhum outro nome,*** dado

> entre os homens, pelo qual importa que sejamos salvos." Atos 4:12

O próprio Jesus declarou que ele é o ÚNICO caminho para o céu:

> "Eu sou o caminho e a verdade e a vida; ninguém vem ao Pai ***senão por mim.***" João 14:6

> "Eu sou a porta. Se alguém entrar por mim, ***será salvo...***" João 10:9

O Catecismo ainda insiste:

> "...Maria, por um vínculo indissolúvel está unida à obra salvífica de seu Filho..."
> P. 330, #1172

Mais uma vez você vai ter que decidir em quem acredita, na Bíblia ou na Tradição da Igreja. A Bíblia é meridianamente clara:

> "Eu, eu sou o Senhor, e ***fora de mim não há salvador.***" Isaias 43:11

> "...eu sou o Senhor, teu Deus... ***não há salvador senão eu.***" Oséias 13:4

> "O meu Deus, o meu rochedo em quem me refugio... força da minha salvação..." 2 Samuel 22:3

Antes de Jesus nascer, um anjo anunciou que ele seria o Salvador:

> "Ela dará à luz um filho e lhe porás o nome de JESUS, porque ***ele salvará o povo dos pecados deles.*** " Mateus 1:21

Após o nascimento de Jesus um anjo proclamou:

> "É que hoje vos nasceu, na cidade de Davi, ***o Salvador, que é Cristo, o Senhor.*** " Lucas 2:11

Mais e mais vamos lendo que Jesus é o Salvador:

> "...Mas porque nós mesmos temos ouvido e sabemos que ***este é verdadeiramente o Salvador do mundo.*** "
> João 4:42

> "Deus, porém, com sua destra, o exaltou a Príncipe e ***Salvador...*** "
> Atos 5:31

> "Da descendência deste, conforme a promessa, trouxe Deus a Israel ***o Salvador, que é Jesus.*** " Atos 13:23

> "E manifestada, agora, pelo aparecimento de nosso ***Salvador, Cristo Jesus.*** " 2 Timóteo 1:10

> "Graça e paz da parte de Deus Pai e de ***Cristo Jesus, nosso Salvador.*** "
> Tito 1:4

> "Que ele derramou sobre nós ricamente, por meio de ***Jesus Cristo, nosso Salvador.***" Tito 3:6

> "...o Pai enviou o seu Filho como ***Salvador do mundo.***" 1 João 4:14

Considere as palavras de Pedro, reconhecido como o "primeiro Papa" do Catolicismo:

> "...Na justiça do nosso Deus e ***Salvador Jesus Cristo.***" 2 Pedro 1:1

> "...No reino eterno de nosso Senhor e ***Salvador Jesus Cristo.***" 2 Pedro 1:11

> "...Mediante o conhecimento do Senhor e ***Salvador Jesus Cristo...***"
> 2 Pedro 2:20

Certamente Pedro sabia que Jesus, não Maria, era o Salvador. Pedro glorificou a Jesus como Salvador, não a Maria:

> "Antes, crescei na graça e no conhecimento de nosso Senhor e ***Salvador Jesus Cristo.*** A ele seja a glória, tanto agora como no dia eterno."
> 2 Pedro 3:18

O mesmo Pedro declara que:

> "Sabendo que não foi mediante cousas corruptíveis, como prata ou

> ouro, que fostes resgatados do vosso fútil procedimento que vossos pais vos legaram, mas pelo precioso sangue, como de cordeiro sem defeito e sem mácula, ***o sangue de Cristo.***"
>
> 1 Pedro 1:18-19

Sem dúvida alguma, Jesus é o Salvador, não Maria.

## Conclusão

Os fatos deste capítulo deixam muitas perguntas carecendo de respostas:

• Por que a Igreja Católica deseja que as pessoas olhem para Maria e não para Jesus em busca da salvação?

• Porque ela rouba a glória de Jesus para dá-la a Maria?

• Se Maria desempenha algum papel na salvação, por que Deus não afirma isto em sua Palavra?

• E o mais importante, em quem você vai confiar para salvá-lo? Na Maria da tradição Católica ou no Jesus da Palavra de Deus?

> "Pois a nossa pátria está nos céus, de onde também aguardamos ***o Salvador, o Senhor Jesus Cristo.***"
>
> Filipenses 3:20

# 16

# Maria: Nascida sem Pecado

O Catolicismo afirma que Maria jamais pecou e, portanto, foi redimida desde o momento do seu nascimento.

> "Pela graça de Deus, Maria permaneceu pura de todo pecado pessoal ao longo de toda a sua vida." P. 139, #493

> "...Abraçando de todo o coração, sem que nenhum pecado a retivesse, a vontade divina da salvação, entregou-se ela totalmente à pessoa e à obra do seu Filho..." P. 139, #494

> "Ela é 'o fruto mais excelente da Redenção' (SC 103). Desde o primeiro instante da sua concepção, foi totalmente preservada da mancha do pecado original e permaneceu pura de todo pecado pessoal ao longo de toda a sua vida." P. 143, #508 (Ver ainda P. 209, #722)

Se você está curioso em saber se esta doutrina é ensinada na Palavra de Deus, ela não é. O Catecismo admite que é uma tradição da Igreja:

> "Ao longo dos séculos a Igreja tomou consciência de que Maria, 'cumulada de graça' por Deus (Lc 1:28), foi redimida desde a concepção." P. 138, #491

Mas a Bíblia identifica Jesus como o único sem pecado, não Maria:

> "***Aquele que não conheceu pecado,*** ele o fez pecado por nós; para que nele fôssemos feitos justiça de Deus."
> 2 Coríntios 5:21

Além do Senhor Jesus, a Bíblia é clara demais quando afirma que ninguém mais existiu sem pecado:

> "Pois ***todos pecaram*** e carecem da glória de Deus." Romanos 3:23

> "Não há justo, ***nem sequer um.***"
> Romanos 3:10

> "Todos se extraviaram, à uma se fizeram inúteis; não há quem faça o bem, ***não há nem um sequer.***" Romanos 3:12

Note que nenhum destes versos afirma que "todos pecaram, exceto Maria."

> "Mas a Escritura encerrou tudo sob o pecado." Gálatas 3:22

### Maria sabia que ela precisava de um Salvador

No Evangelho de Lucas, a própria Maria diz que ela é pecadora. De outra maneira ela jamais teria chegado à conclusão de que precisava de um Salvador:

> "Então disse Maria: A minha alma engrandece ao Senhor, e o meu espírito se alegra em Deus, ***meu Salvador.***"
> Lucas 1:46-47

Mesmo assim a Igreja Católica exige que os seus membros adorem a Maria:

> "A piedade da Igreja para com a Santíssima Virgem é intrínseca ao culto cristão."
> P. 274, #971

### Jesus exaltou Maria?

Aqui está como Jesus se referiu à sua mãe, quando ela pediu para vê-lo, um dia:

> "...Quem é minha mãe e quem são meus irmãos? E, estendendo as mãos para os discípulos, disse: Eis minha mãe e meus irmãos!
>
> Porque qualquer um que fizer a vontade

> de meu Pai celeste, esse é meu irmão, irmã e mãe." Mateus 12: 48-50

Jesus não disse, "Obedeçam a esta abençoada mulher!". Em vez disso, ele replicou que qualquer um que obedecer a Palavra de Deus é igual a Maria. Jesus recusou-se a exaltá-la.

### Quando outros exaltaram Maria

Quando uma mulher veio até Jesus e tentou exaltar Maria, vejam como Jesus respondeu:

> "...Uma mulher, que estava entre a multidão, exclamou e disse-lhe: Bem-aventurada aquela que te concebeu e os seios que te amamentaram. Ele, porém, respondeu: Antes bem-aventurados são os que ouvem a Palavra de Deus e a guardam."
>
> Lucas 11:27-28

Jesus anunciou que aqueles que ouvem e obedecem a Palavra de Deus são mais abençoados que Maria. Talvez o Senhor tenha inserido estes versos para aqueles que hoje preferem ignorar a Palavra de Deus, a fim de poder seguir as tradições da Igreja.

### Um exemplo

Exatamente como nos exemplos que temos visto

através deste livro, Jesus é novamente despojado da glória e honra que somente ele merece. Em vez de reconhecê-lo como o Único sem pecado, o Catolicismo contradiz a Escritura e insiste em que Maria também não teve pecado. Por que?

## Conclusão

Maria foi concebida sem pecado? A tradição Católica deseja que você creia que ela foi, mas a Palavra de Deus diz que ela não foi. Em quem você vai acreditar?

> "Não há homem justo sobre a terra que faça o bem e que não peque."
>
> Eclesiastes 7:20

> "Portanto, assim como por um só homem entrou o pecado no mundo, e pelo pecado a morte, assim também a morte passou a todos os homens, ***porque todos pecaram.***"
>
> Romanos 5:12

# 17

# Maria: Virgem Perpétua

O Catecismo registra que Maria permaneceu virgem através de sua vida inteira:

> "Maria permaneceu virgem concebendo seu Filho, virgem ao dá-lo à luz, virgem ao carregá-lo, virgem ao alimentá-lo do seu seio, virgem sempre." P. 143, #510

> "A Liturgia da Igreja celebra Maria como a Aeiparthenos, 'sempre virgem' " P. 141, #499

Ou Maria permaneceu virgem ou não. A posição que você vai tomar dependerá daquilo em que você crê... Nas tradições de homens ou na Palavra de Deus.

A Bíblia declara que após dar à luz Jesus, Maria teve outros filhos:

> "Não é este o filho do carpinteiro?
> Não se chama sua mãe Maria e ***seus***

> ***irmãos*** Tiago, José, Simão e Judas?"
>
> Mateus 13:55
>
> "Não é este o carpinteiro, filho de Maria, ***irmão*** de Tiago, José, Judas e Simão? E não vivem aqui entre nós ***suas irmãs?*** E escandalizaram-se nele." Marcos 6:3

O apóstolo Paulo escreveu:

> "E não vi outro dos apóstolos, senão a Tiago, ***o irmão do Senhor.***"
>
> Gálatas 1:19

Porque estes versos contradizem tão claramente a doutrina Católica, o Catecismo dá esta explicação:

> "A Igreja sempre entendeu que essas passagens não designam outros filhos da Virgem Maria; com efeito, Tiago e José, 'irmãos de Jesus', (Mt 13:55) são os filhos de uma Maria, discípula de Cristo...." P. 141, #500

Outra Maria? Por que torcer a Escritura? Estes versos se referem claramente a Maria, a mãe de Jesus. Então por que a Igreja Católica deliberadamente engana seus membros?

Será que é para propagar uma imagem de Maria como uma criatura divina, que não podia ter um casamento com relações matrimoniais normais com seu marido José?

Será que é para tornar Maria mais parecida com os atuais padres e freiras, que têm uma vida de celibato?

Estas são perguntas que você deve responder sozinho.

## A conexão pagã

Por que elevar Maria a este estado de "sempre virgem"? Embora esteja além do escopo deste livro, existe uma espantosa semelhança entre a Maria do Catolicismo Romano e as divindades pagãs que eram adoradas nos tempos do Velho Testamento. Seria desconcertante para todos os Católicos que a Maria da sua religião lembrasse mais uma divindade pagã do que a verdadeira Maria da Bíblia.

## Conclusão

Maria foi a "sempre virgem" ou não foi? Você terá de escolher novamente. Aceitar as tradições de homens e rejeitar a Palavra de Deus. Ou crer na Palavra de Deus, como está escrito:

> "As tuas palavras são em tudo verdade, desde o princípio, e cada um dos teus justos juízos dura para sempre."
> Salmo 119:160

# 18

# Maria: Fonte de Santidade

A Igreja Católica alega que a virgem Maria é modelo e fonte da verdadeira santidade:

> "Da Igreja aprende o exemplo de santidade; reconhece a sua figura e sua fonte em Maria, a Virgem Santíssima." P. 534, #2030

Você não vai ficar surpreso ao saber que temos outro conflito. Como foi discutido em um capítulo anterior, a Bíblia retrata Maria como pecadora que necessita de um Salvador.

Sim, ela foi abençoada ao dar à luz o Filho de Deus, mas isto não faz dela a fonte de santidade. Referindo-se a si mesma, Maria maravilhou-se do que Deus lhe fez:

> "... contemplou na humildade da sua serva..." Lucas 1:48

## A fonte bíblica de santidade

A Bíblia afirma repetidamente que Deus é o ***único*** modelo de santidade:

> "Quem não temerá e glorificará o teu nome, ó Senhor? ***[porque só Tu és Santo]*** Por isso todas as nações virão e adorarão diante de ti..."
>
> Apocalipse 15:4

> "Exaltai ao Senhor nosso Deus, e prostrai-vos ante o escabelo de seus pés, ***porque ele é santo.***" Salmo 99:5

> "Celebrem eles o teu nome grande e tremendo, ***porque é santo.***"
>
> Salmo 99:3

Jamais lemos nas Escrituras que Maria é santa, muito menos fonte ou modelo de santidade:

> "Exaltai ao Senhor nosso Deus, e prostrai-vos ante o seu santo monte, ***porque santo é o Senhor nosso Deus.***"
>
> Salmo 99:9

> "E clamavam uns para os outros, dizendo: Santo, santo, ***santo é o Senhor dos Exércitos;*** toda a terra está cheia da ***sua*** glória." Isaias 6:3

As palavras "santo" ou "santidade" são usadas

mais de 600 vezes na Bíblia. Mas nenhuma vez referindo-se a Maria.

Deus anuncia que nós deveríamos ser santos, porque ***Ele*** é santo, não porque Maria é santa:

> "Pelo contrário, segundo ***é santo aquele que vos chamou,*** tornai-vos santos também vós mesmos em todo o vosso procedimento, porque escrito está: Sede santos, ***porque eu sou santo.***"
> 1 Pedro 1:15-16

> "Eu sou o Senhor, vosso Deus; portanto vós vos consagrareis e sereis santos, ***porque eu sou santo...***"
> Levíticos 11:44

Amigo Católico Romano, você vê a diferença aqui? A Palavra de Deus ensina repetidamente que você deve olhar para o Deus eterno do universo como seu modelo e fonte de santidade. O Catolicismo contrapõe dizendo: "Não, não olhe para Deus, olhe para esta mulher frágil e humana."

Isto nada mais é que blasfêmia. E só podemos perguntar: Por que a Igreja Católica tenta destronar o Deus Todo-Poderoso do seu devido lugar e, em vez dele, colocar Maria em seu trono?

Por que o Catolicismo manda que você olhe para Maria como seu exemplo em vez de olhar para Deus?

Deus merece ***toda*** glória e honra. E mais, Ele é um Deus ciumento que nos recorda que:

> "...A minha glória não a dou a outrem."
>
> Isaias 48:11

## Conclusão

Quem será SEU modelo de santidade? O Deus Todo Poderoso... ou uma mulher pecadora? O Catolicismo exige que você olhe para a mulher. A Bíblia declara que somente Deus é qualificado:

> "***Tu és digno, Senhor e Deus nosso,*** de receber a glória, a honra e o poder, porque todas as cousas tu criaste, sim, por causa da tua vontade vieram a existir e foram criadas."
>
> Apocalipse 4:11

> ***"Eu sou o Senhor, o vosso Santo,*** o Criador de Israel, o vosso Rei."
>
> Isaias 43:15

# 19

# Maria: A Intercessora

Muitos Católicos fiéis oram fervorosamente à virgem Maria, crendo que ela é a mediadora que intercede em seu favor diante do Pai:

> "Porisso, a bem-aventurada Virgem Maria é invocada na Igreja sob os títulos de advogada, auxiliadora, protetora, medianeira."
> P. 274, #969

Aqui quatro títulos específicos são atribuídos a Maria. Será que ela os preenche? Olhemos para cada um deles:

### Advogada

A crença de que Maria é uma advogada diante do Pai é mais uma tradição de homens, não respaldada pela Escritura. Além do mais, a Bíblia desafia a doutrina Católica ao declarar que Jesus, e não Maria, é o único Advogado.

> "... Se, todavia, alguém pecar, temos Advogado junto ao Pai, ***Jesus Cristo,*** o justo." 1 João 2:1

### Auxiliadora

Novamente a Bíblia discorda do Catolicismo pois declara que Jesus, não Maria, é o único Auxiliador:

> "Eis que ***Deus é o meu ajudador...***"
> Salmo 54:4

> "Assim afirmemos confiantemente: ***O Senhor é o meu auxílio,*** não temerei; que me poderá fazer o homem?"
> Hebreus 13:6

> "Muitas são as aflições do justo, mas o ***Senhor*** de todas o livra." Salmo 34:19

Na Palavra de Deus Maria jamais é mencionada como sendo uma ajudadora sobrenatural.

### Protetora

Aqui está mais uma tradição de homens. A Bíblia não chama pessoa alguma, inclusive Maria, de "Protetora".

### Mediadora

A Bíblia nunca eleva Maria à posição de mediadora, mas afirma que Jesus é o único mediador:

> "Porquanto há um só Deus e um só Mediador entre Deus e os homens,

> ***Cristo Jesus, homem.*"** 1 Timóteo 2:5

> "Por isso mesmo, ***ele (Cristo)*** é o Mediador da nova aliança..."
> Hebreus 9:15

**Intercessora**

A função tanto de um mediador quanto de um advogado é interceder em favor de outros. A tradição Católica designa esta posição a Maria, enquanto a Palavra de Deus exalta o Senhor Jesus Cristo como o único intercessor:

> "Porque Cristo não entrou em santuário feito por mãos, figura do verdadeiro, porém no mesmo céu, para comparecer, ***agora, por nós, diante de Deus.***"
> Hebreus 9:24

> "Por isso também pode salvar totalmente os que por ele se chegam a Deus, vivendo sempre ***para interceder por eles.***" Hebreus 7:25

A Escritura não poderia ser mais direta sobre a identidade do verdadeiro intercessor:

> "... ***É Cristo Jesus*** quem morreu, ou antes, quem ressuscitou, o qual está à direita de Deus, ***e também intercede por nós.***" Romanos 8:34

> "... segundo a vontade de Deus é que ele (Jesus) ***intercede*** pelos santos."
>
> Romanos 8:27

A Bíblia revela que qualquer pessoa só pode chegar ao Pai através de Jesus Cristo:

> "Porque, por ele ***(Jesus),*** ambos temos acesso ao Pai em um Espírito."
>
> Efésios 2:18

> "Segundo o eterno propósito que estabeleceu em Cristo Jesus nosso Senhor, ***pelo qual temos ousadia e acesso*** com confiança, mediante a fé nele."
>
> Efésios 3:11-12

Maria jamais é mencionada como intercessora.

**Jesus é novamente rebaixado**

A Bíblia é bem definitiva, Jesus é o único Advogado, Auxiliador, Mediador e Intercessor diante do Pai. Mesmo assim a tradição Católica atira longe estes quatro títulos dele e os joga aos pés de Maria. Por que?

Por que Jesus é desonrado sempre e sempre? Por que o Catolicismo está determinado a tirar de Jesus tudo que a Bíblia lhe atribui e dar a alguém ou a alguma coisa mais?

Se Maria é tão exaltada, por que personalidades

bíblicas, como o apóstolo Paulo, proferiram palavras tais como?

> "Porque decidi nada saber entre vós, ***senão a Jesus Cristo,*** e este crucificado."
>
> 1 Coríntios 2:2

## Conclusão

Agora você conhece a posição tanto da Bíblia como da Tradição Católica. Você vai rejeitar a Palavra de Deus e dar glória a Maria? Ou você vai rejeitar as tradições de homens e dar glória a Jesus Cristo?

> "Agora, com efeito, obteve Jesus ministério tanto mais excelente, quanto ***é ele também mediador*** de superior aliança instituída com base em superiores promessas."
>
> Hebreus 8:6

# 20

# Maria: Recipiente de Preces

A doutrina Católica ordena que os membros orem à virgem Maria:

> "Pedindo a Maria que reze por nós, reconhecemo-nos como pobres pecadores e nos dirigimos à 'Mãe de Misericórdia', à Toda Santa. Entregamo-nos a ela 'agora', no hoje de nossas vidas... Que na hora da nossa passagem ela nos acolha como nossa Mãe para nos conduzir a seu Filho Jesus no Paraíso." P. 687, #2677

É imperativo que você saiba se estas declarações são de Deus ou meramente tradições de homens. Por conseguinte, você examinará cada declaração:

- *Pedindo a Maria que reze por nós:* Uma tradição de homens não encontrada na Bíblia.
- *Mãe de Misericórdia:* Outra tradição de homens.

• *Maria é Toda Santa:* Uma tradição de homens. Já mostramos que Deus é o único "Todo Santo."

• *Maria nos acolhe na hora da morte*: Uma tradição de homens não ensinada na Bíblia.

• *Maria nos conduz a Jesus:* Uma outra tradição de homens não encontrada na Palavra de Deus.

Por favor, entenda, amigo Católico, que Deus jamais afirmou qualquer uma dessas coisas. Todas elas são tradições que vieram da mente dos primeiros líderes Católicos:

> "Com efeito, desde remotíssimos tempos, a bem-aventurada Virgem é venerada sob o título de 'Mãe de Deus', sob cuja proteção os fiéis se refugiam suplicantes em todos os seus perigos e necessidades." P. 274, #971

Que as pessoas devem orar a Maria em seus tempos de angústia é outra tradição de homens arranjada por líderes Católicos do passado e entregue aos Católicos de hoje. ***Nunca*** Jesus ou alguém mais na Bíblia instruiu as pessoas a orar a Maria.

### A quem deveríamos orar?

A Bíblia contradiz diretamente o Catecismo, levando as pessoas a orar somente a Deus:

"***Invoca-me,*** e te responderei;

> anunciar-te-ei cousas grandes e ocultas, que não sabes." Jeremias 33:3
>
> "***Invoca-me*** no dia da angústia; eu te livrarei, e tu me glorificarás."
> Salmo 50:15

Quando vier a angústia, clame a Deus, não a Maria:

> "Escuta, Senhor, a minha oração... No dia da minha angústia ***clamo a ti,*** porque me respondes." Salmo 86:6-7
>
> "***Ele me invocará*** e eu lhe responderei; na sua angústia estarei com ele, livrá-lo-ei e o glorificarei." Salmo 91:15

Literalmente centenas de Escrituras nos ensinam a correr para Deus, quando a angústia atravessa nosso caminho. Nem sequer um verso nos encoraja a orar a Maria.

> "Vem do Senhor a salvação dos justos, ***ele é a sua fortaleza no dia da tribulação.***" Salmo 37:39
>
> "Senhor, tem misericórdia de nós; em ti temos esperado; sê tu o nosso braço, manhã após manhã, e a nossa salvação ***no tempo da angústia.***" Isaias 33:2
>
> "Bem-aventurado o que acode ao

> necessitado; o Senhor o livra ***no dia do mal.***" Salmo 41:1

Você iria jogar seus fardos sobre Maria?

> "***Confia os teus cuidados ao Senhor,*** e ele te susterá; jamais permitirá que o justo seja abalado." Salmo 55:22

O Rei Davi orava o dia inteiro... a Deus!

> "À tarde, pela manhã e ao meio dia, farei as minhas queixas e lamentarei; ***e ele ouvirá a minha voz.***"
> Salmo 55:17

> "Perto está o Senhor ***de todos os que o invocam,*** de todos os que o invocam em verdade." Salmo 145:18

No Novo Testamento lemos:

> "Não andeis ansiosos de coisa alguma, em tudo, porém, ***sejam conhecidas diante de Deus*** as vossas petições, pela oração e pela súplica, com ações de graça." Filipenses 4:6

**A quem você vai orar?**

A Palavra de Deus diz para orar a Deus. O Catolicismo deseja que você ore a Maria. Novamente deve-se ficar curioso para saber por que o Catolicismo desonra Jesus e exalta Maria. Parece que a Igreja Católica não quer que seus membros cheguem a Jesus para coisa alguma. Mesmo assim, Jesus fez este convite:

> "***Vinde a mim*** todos os que estais cansados e sobrecarregados, e eu vos aliviarei." Mateus 11:28

Ou a Bíblia está errada, ou o Catolicismo está mantendo você longe do Único que está pronto e desejoso de resolver todas as suas necessidades.

## Conclusão

Aqui temos outra decisão crítica para você tomar. Você vai seguir as tradições Católicas de homens e orar a Maria?

Ou vai obedecer as Sagradas Escrituras e dirigir suas preces unicamente a Deus?

> "***Eu, porém, invocarei a Deus,*** e o Senhor me salvará." Salmo 55:16

# 21

# Maria: Rainha de Todas as Coisas

O Catolicismo afirma que após a morte de Maria, o Senhor a tomou para o céu e deu-lhe o título de "Rainha de Todas as Coisas."

> "Finalmente, a Imaculada Virgem, preservada imune de toda mancha da culpa original, terminado o curso da vida terrestre, foi assunta em corpo e alma à glória celeste. E, para que mais plenamente estivesse conforme a seu Filho, Senhor dos senhores e vencedor do pecado e da morte, foi exaltada pelo Senhor como 'Rainha do Universo'." P. 273, #966

Mais uma vez a doutrina Católica e a Palavra de Deus batem de frente. A Escritura não apenas jamais ensina esta doutrina, como a condena. Em Jeremias 44:19 lemos a respeito da adoração a uma falsa deusa conhecida como "Rainha dos Céus", uma prática que deixava Deus furioso:

> "Os filhos apanham a lenha, os pais acendem o fogo, e as mulheres amassam a farinha, para fazerem bolos à Rainha dos Céus; e oferecem libações a outros deuses, para me provocarem à ira."
>
> Jeremias 7:18

Por que as pessoas adoravam aquela falsa deusa chamada Rainha dos Céus? Era mais uma tradição de homens herdada de gerações passadas:

> "...Queimaremos incenso à ***Rainha dos Céus*** e lhe ofereceremos libações, como nós, nossos pais, nossos reis e nossos príncipes temos feito..."
>
> Jeremias 44:17

Será que o Catolicismo incorporou o mesmo ritual pagão que enfurece a Deus?

## Religiões pagãs

Embora ultrapasse o objetivo deste livro, os Católicos curiosos ficariam fascinados com o estudo de muitas religiões falsas que adoravam a "Rainha dos Céus". Por esse motivo, a insistência do Catolicismo de que Deus deu a Maria um nome tão usado por falsas deusas é bem notória.

## Quem deveria ser exaltado?

Embora o Catolicismo insista em exaltar Maria, a Bíblia exalta apenas o Deus Todo Poderoso:

"***Sê exaltado, ó Deus,*** acima dos céus;
e em toda a terra esplenda a tua glória."
Salmo 57:5

"Teu, Senhor, é o poder, a grandeza, a honra, a vitória e majestade; porque teu é tudo quanto há nos céus e na terra; teu, Senhor, é o reino ***e tu te exaltaste*** por chefe sobre todos."
1 Crônicas 29:11

"...***Exaltado seja o Deus*** da minha salvação!" Salmo 18:46

"***Exalta-te, Senhor,*** na tua força!"
Salmo 21:13

"Aquietai-vos e sabei que eu sou Deus; ***sou exaltado*** entre nas nações; ***sou exaltado*** na terra." Salmo 46:10

"Porque a Deus pertencem os escudos da terra; ***ele se exaltou gloriosamente.***"
Salmo 47:9

## Deus recebe glória através de Jesus

A Bíblia declara que Deus recebe glória através do Senhor Jesus Cristo. No Novo Testamento o nome "Jesus" aparece 943 vezes. O nome "Cristo" aparece 533 vezes e a expressão "Senhor Jesus" aparece 115 vezes.

Os primeiros quatro livros do Novo Testamento registram o nascimento, vida, morte e ressurreição de Jesus, enquanto o resto do Novo Testamento se desenrola ao seu redor.

Maria, por sua vez, aparece na Palavra de Deus apenas um punhado de vezes, e nunca é referida como rainha de coisa alguma:

> "Pelo que também ***Deus o exaltou (a Jesus) sobremaneira*** e lhe deu o nome que está acima de todo nome, para que ao nome de Jesus se dobre todo joelho, nos céus, na terra e debaixo da terra." Filipenses 2:9-10

> "Digno é o Cordeiro que foi morto, de receber o poder, e riqueza, e sabedoria, e força, ***e honra, e glória,*** e louvor."
> Apocalipse 5:12

Quem deve receber toda glória? Deus... Através de Jesus Cristo!

> "Para que ***em todas as cousas*** seja Deus glorificado, ***por meio de Jesus Cristo,*** a quem pertence a glória e o domínio, pelos séculos dos séculos; Amém." 1 Pedro 4:11

> "Deus, porém, com a sua destra, ***o exaltou*** a Príncipe e Salvador, a fim

> de conceder a Israel o arrependimento
> e a remissão de pecados." Atos 5:31

Tenho a certeza de que você vai ver o mesmo exemplo outra vez. Enquanto a Bíblia se esforça para exaltar Jesus Cristo, o Catolicismo está determinado a rebaixar Jesus e exaltar Maria.

Por que Jesus Cristo, Aquele que sacrificou sua vida e sofreu a cruel tortura da cruz, é deixado à parte e substituído por uma simples mulher mortal?

## Conclusão

O Catolicismo insiste em que o Senhor elevou Maria ao lugar de "Rainha de Todas as Coisas". Ainda assim, a Bíblia proclama que a adoração à "Rainha dos Céus" provoca a ira de Deus.

Onde você vai colocar sua confiança, na tradição dos homens ou na Palavra de Deus?

> "Pelo que também Deus o exaltou sobremaneira e lhe deu o nome que está acima de ***todo*** nome..."
>
> Filipenses 2:9-11

# 22

# A Missa

Se é para acreditar no Catecismo, então cada vez que a missa é rezada, a obra de Cristo na cruz se faz presente e a obra de nossa redenção é realizada:

> "Neste divino sacrifício que se realiza na missa, este mesmo Cristo, que se ofereceu a si mesmo uma vez de maneira cruenta no altar da cruz, está contido e é imolado de maneira incruenta."
> P. 377, #1367

> "Quando a Igreja celebra a Eucaristia, faz a memória da páscoa de Cristo, e esta se torna presente; o sacrifício que Cristo ofereceu uma vez por todas na cruz torna-se sempre atual. Todas as vezes que se celebra no altar o sacrifício da cruz, pelo qual, Cristo nossa páscoa foi imolado, opera-se a obra da nossa redenção."
> P. 376, #1364

Mas a Bíblia revela que a obra da redenção foi um ato único, o qual foi completado quando Cristo morreu na cruz:

> "...Ao se cumprirem os tempos, se manifestou ***uma vez por todas, para aniquilar*** pelo sacrifício de si mesmo o pecado." Hebreus 9:26

> "Nesta vontade é que temos sido santificados, mediante a oferta do corpo de Jesus Cristo, ***uma vez por todas.***" Hebreus 10:10

Quando Jesus derramou seu sangue, aquele ato único adquiriu a redenção eterna para todos os que colocassem sua fé e confiassem somente em Cristo:

> "Não por meio de sangue de bodes e bezerros, mas pelo seu próprio sangue, (Jesus) entrou no Santo dos Santos, ***uma vez por todas, tendo obtido eterna redenção.***" Hebreus 9:12

A Bíblia declara especificamente que este sacrifício ***não*** precisa ser renovado diariamente:

> "Que não tem necessidade, como os sumos sacerdotes, de oferecer todos os dias sacrifícios, primeiro por seus próprios pecados, depois pelos do povo; porque fez isto uma ***vez por todas,*** quando a si mesmo se ofereceu."
> Hebreus 7:27

Mesmo assim o Catecismo é imperativo em que:

"Com efeito, toda vez que é celebrado este mistério, 'opera-se a obra da nossa redenção'." P. 389, #1405

Mas a Palavra de Deus é igualmente imperativa em que a morte de Cristo foi um evento único:

"...Se manifestou ***uma vez por todas,*** para aniquilar pelo sacrifício de si mesmo o pecado." Hebreus 9:26

"Assim também Jesus Cristo, tendo-se oferecido ***uma vez para sempre*** para tirar os pecados de muitos..."
Hebreus 9:28

"Jesus, porém, tendo ***oferecido para sempre, um único sacrifício*** pelos pecados, assentou-se à destra de Deus." Hebreus 10:12

Jesus fez toda a obra necessária para conseguir nossa salvação, quando morreu na cruz. Nenhuma outra obra jamais foi necessária.

**Quem ganha o crédito?**

O Catecismo afirmar que a Igreja Católica toma parte na obra redentora de Cristo é ***roubar*** do Senhor Jesus o crédito. Só ele tem merecimento pela obra que completou no Calvário.

De acordo com a Palavra de Deus, ***Cristo já fez tudo,*** de uma vez por todas. Sua morte foi um ato divino, o sacrifício mais maravilhoso que já foi feito. Aconteceu uma vez para ***jamais*** ser repetido novamente. Mesmo assim, o Catecismo insiste:

> "O sacrifício de Cristo e o sacrifício da Eucaristia são um único sacrifício." P. 376, #1367

Tão amavelmente quanto possível, devemos dizer que ***esta declaração*** é puro ***sacrilégio.*** Sugerir que um padre, realizando um ritual religioso, toma parte na torturante morte que Jesus sofreu é nada menos que blasfêmia.

Associar os rituais da Igreja Católica à obra de Cristo na cruz ***é ridículo.*** A Igreja Católica não tomou parte alguma na obra que torna possível a redenção da humanidade, e não merece crédito algum.

Mais uma vez o Catolicismo tenta forçar Cristo a dividir sua glória com a Igreja Católica, enquanto a Bíblia mostra que só Jesus merece a glória.

## Conclusão

Onde você vai colocar sua confiança? Na Palavra de Deus... ou nas tradições e ensinos da Igreja Católica?

> "Pois também Cristo morreu uma única vez pelos pecados, o justo pelos injustos, para conduzir-nos a Deus; morto, sim, na carne, mas vivificado no espírito." 1 Pedro 3:18

# 23

# Purgatório

O Catolicismo ensina que após a morte, algumas pessoas são enviadas a um lugar chamado purgatório, a fim de serem purificadas antes da sua entrada no céu.

> "Os que morrem na graça e na amizade de Deus, mas não estão completamente purificados, embora tenham garantida a sua salvação eterna, passam, após a morte, por uma purificação, a fim de obterem a santidade necessária para entrarem na alegria do céu." P. 290, #1030

> "A Igreja denomina purgatório esta purificação final dos eleitos...." P. 290, #1030

Será que esta doutrina veio de Deus, ou é outra tradição de homens? Aqui está sua resposta, exatamente no Catecismo:

> "A Igreja formulou a doutrina da fé relativa ao Purgatório sobretudo no Concílio de Florença e de Trento." P. 290, #1031

Seria absurdo indagar onde um grupo de homens conseguiu esta informação sobre a ***vida além*** para formular tal doutrina?

Precioso amigo Católico Romano, se você está orando pelos seus amados que você crê estarem no Purgatório, fique sabendo que Deus não lhe disse que eles estão lá, foi um grupo de líderes religiosos que o disse:

> "...Alguns dos seus discípulos peregrinam na terra, outros, terminada esta vida, são purificados, enquanto outros são glorificados..."
> P. 269-270, #954

**Se você sofre, então não é um presente**

O que torna esta doutrina mais perturbadora é que a Bíblia nunca indica que tal lugar existe. Nem a Bíblia ensina que outra purificação após a morte é necessária para ganhar a entrada no céu. Pelo contrário, a Palavra de Deus afirma que a salvação é um dom gratuito:

> "Porque o salário do pecado é a morte, mas o ***dom gratuito de Deus*** é a vida eterna em Cristo Jesus, nosso Senhor."
> Romanos 6:23

> "...Por um só ato de justiça ***veio a graça*** sobre todos os homens para a justificação que dá vida." Romanos 5:18

Poderia um Deus, honesto e amoroso, oferecer-lhe a vida eterna como um dom gratuito, e, em em seguida, fazê-lo sofrer a fim de ganhá-la, mentindo então a respeito disto em sua Palavra?

> "Pois pela graça sois salvos, mediante a fé; e isto não vem de vós; é dom de Deus." Efésios 2:8

Se a Bíblia merece crédito, então não há necessidade de mais purificação para aqueles que morrem em Cristo. Eles já foram justificados por Jesus:

> "Logo, muito mais agora, sendo ***justificados pelo seu sangue,*** seremos por ele salvos da ira." Romanos 5:9

> "...Sendo ***justificados gratuitamente,*** por sua graça, mediante a redenção que há em Cristo Jesus." Romanos 3:24

O apóstolo Paulo vai direto ao mesmo ponto:

> "Tais fostes alguns de vós; mas vós vos ***lavastes,*** mas fostes ***santificados,*** mas fostes ***justificados,*** em o nome do Senhor Jesus Cristo..."
> 1 Coríntios 6:11

Os verdadeiros cristãos já estão purificados porque Jesus liquidou todos os pecados na cruz.

> "...Ao se cumprirem os tempos, se manifestou uma vez por todas, ***para aniquilar*** pelos sacrifício de si mesmo ***o pecado.***" Hebreus 9:26

Os filhos de Deus não precisam sofrer pela salvação porque eles foram comprados e resgatados:

> "Porque fostes ***comprados por preço.*** Agora, pois, glorificai a Deus no vosso corpo." 1 Coríntios 6:20

O preço foi o sangue de Jesus Cristo.

> "...A Igreja de Deus, a qual ele ***comprou com o seu próprio sangue.***" Atos 20:28

**Conclusão**

Se a Bíblia é tão clara sobre este assunto, por que a Igreja Católica institui uma doutrina que tem persuadido membros fiéis a dar milhões e milhões de dólares à Igreja, a fim de obter orações e missas rezadas em benefício dos seus amados defuntos? Responda por você mesmo.

Agora, pelo menos, você sabe que a doutrina do purgatório foi extraída da mente de homens mortais:

> "Agora, pois, já ***nenhuma condenação*** há para os que estão em Cristo Jesus." Romanos 8:1

# 24

# Orar aos Santos

O Catecismo aconselha os membros a orar àqueles que, por causa de suas boas obras, foram declarados "santos" pela Igreja:

> "As testemunhas que nos precederam no Reino, especialmente as que a Igreja reconhece como 'santos', participam da tradição viva da oração, pelo exemplo modelar de sua vida, pela transmissão de seus escritos e pela sua oração hoje. Contemplam a Deus, louvam-no e não deixam de velar por aqueles que deixaram na terra. Entrando 'na alegria' do Mestre, eles foram 'postos à frente do muito'. A sua intercessão é o mais alto serviço que prestam ao plano de Deus. Podemos e devemos pedir-lhes que intercedam por nós e pelo mundo inteiro."
> P. 689, #2683 (Veja também a P. 270, #956)

Este capítulo deve começar com a definição da palavra "santo". O Catolicismo ensina que santo é um dos seletos, que, por causa de boas obras enquanto vivo, é declarado santo após a morte:

> "Ao canonizar certos fiéis, isto é, ao proclamar solenemente que esses fiéis praticaram heroicamente as virtudes e viveram na fidelidade à graça de Deus, a Igreja reconhece o poder do Espírito de santidade que está em si e sustenta a esperança dos fiéis, propondo-os como modelos e intercessores." P. 238, #828

Entretanto, de acordo com as Escrituras, todo o que é nascido de novo pela fé em Cristo é santo. Paulo escreveu a todos os santos (Cristãos) em Roma:

> "A todos os amados de Deus que estais em Roma, ***chamados para serdes santos;*** graça a vós outros e paz da parte de Deus nosso Pai e do Senhor Jesus Cristo." Romanos 1:7

Muitos outros versos expressam a mesma verdade:

> "A mim, o menor de ***todos os santos,*** me foi dada esta graça de pregar aos gentios o evangelho das insondáveis riquezas de Cristo." Efésios 3:8
>
> "...Eis que veio o Senhor entre ***suas santas miríades.***" Judas 14
>
> "E ele mesmo concedeu uns para apóstolos, outros para profetas, outros para evangelistas, e outros para pastores e mestres, com vistas ao ***aperfeiçoamento dos santos*** para o

> desempenho do seu serviço, para a edificação do ***corpo de Cristo.***"
>
> Efésios 4:11-12

(Veja ainda Atos 9:13; 9:32; 9:41; 26:10; Romanos 8:27; 12:13; 15:25-26; 15:31; 16:2; 16:15; 1 Coríntios 6:1; 2 Coríntios 1:1, mais dúzias de outras referências no Novo Testamento).

## Por que esta doutrina?

Em resumo, o cenário continua. O Catolicismo descartou a definição escriturística de "santo" e concebeu uma nova, aí instruiu seus membros a orar a estes "santos" não escriturísticos.

A questão é, por que orar a alguém mais, quando o Deus do universo está no céu esperando para escutar e responder nossas preces?

## Os "santos" são intercessores?

Supostamente os assim chamados santos "intercedem ao Pai por nós". Porém já aprendemos que Jesus Cristo é o nosso ***único*** intercessor. Portanto, sugerir uma coisa destas é apenas uma tradição fabricada pelos homens.

Aqui está outra citação interessante do Catecismo com respeito aos santos:

> "...Pois assim como a comunhão entre os cristãos da terra nos aproxima de Cristo, da

> mesma forma o consórcio com os santos nos une a Cristo." P. 270, #957

De acordo com a Igreja Católica orar aos santos traz as pessoas para mais perto de Cristo. Entretanto você também não vai encontrar esta doutrina na Escritura. É mais uma tradição de homens que nem Jesus nem a Bíblia jamais ensinaram.

Aliás, esta prática de comunicação com os mortos aproxima-se perigosamente da necromancia, outra prática fortemente condenada na Bíblia. (Leia Deuteronômio 18:10-12)

## Conclusão

A pergunta constante que você deve responder aqui é: Por que a Igreja Católica prefere que seus membros orem aos mortos do que ao Deus que está vivo, é Todo Poderoso e responde as orações?

Ponha na mente que, se estas tradições de homens não são verdadeiras, então todas as suas orações aos "santos" são uma balbúrdia sem valor.

Se você ora a Deus, então pode proclamar muitas promessas bíblicas maravilhosas:

> "Acheguemo-nos, portanto, confiadamente, junto ao trono da graça, a fim de recebermos misericórdia e acharmos graça para socorro em ocasião oportuna." Hebreus 4:16

# 25

# Orar Pelos Mortos

Podem os vivos ajudar os mortos orando por eles? De acordo com a doutrina Católica, podem:

> "*A Comunhão com os falecidos.* 'Reconhecendo cabalmente esta comunhão de todo o corpo místico de Jesus Cristo, a Igreja terrestre, desde os tempos primevos da religião cristã, venerou com grande piedade a memória dos defuntos... e já que é um pensamento santo e salutar rezar pelos defuntos para que sejam perdoados de seus pecados (2 Macabeus 12:46), também ofereceu sufrágios em favor deles. A nossa oração por eles pode não somente ajudá-los, mas também tornar eficaz a sua intercessão por nós." P. 271, #958

Três declarações aqui contradizem a Bíblia. Vejamos cada uma delas:

1) *"É santo e salutar rezar pelos defuntos."*

Conforme a Palavra de Deus nem é santo nem

salutar orar pelos mortos. Os Cristãos são instruídos a orar pelos vivos, e não há exemplo algum de Cristãos orando pelos mortos. Mais uma tradição de homens.

2) *"A nossa oração por eles pode ajudá-los a se livrarem de seus pecados."*

Aqui temos uma tradição construída sobre outra tradição. As Escrituras jamais sugerem que esta declaração seja verdadeira. Como já aprendemos, devemos livrar-nos de nossos pecados ***antes*** da morte.

3) *"Nossa oração torna eficaz a sua intercessão por nós."*

Como blocos de construção, eles vão amontoando tradições sobre tradições, todas elas sem qualquer fundamento bíblico. Agora chegamos ao cume, quando nossas orações são supostamente capazes de:

> "...Tornar eficazes as suas intercessões por nós."

A questão óbvia é: Por que necessitamos que outros intercedam por nós? Por acaso o Criador do universo necessita do auxílio de homens e mulheres mortais para colocar o Pai a nosso favor?

Que atitude degradante contra Jesus Cristo! A

posição Católica insulta o Senhor, retratando-o como um incapaz, como um olheiro sem poder, que precisa da ajuda de qualquer um, pois Ele pode falhar em convencer o Pai. Não é este o retrato de Jesus apresentado na Bíblia. Jesus declarou sobre si mesmo:

> "...***Toda a autoridade*** me foi dada no céu e na terra." Mateus 28:18

Aqui temos mais um retrato bíblico de Jesus Cristo:

> "O qual exerceu ele em Cristo; ressuscitando-o dentre os mortos, e fazendo-o sentar à sua direita nos lugares celestiais, ***acima de todo principado, e potestade, e poder, e domínio,*** e de todo nome que se possa referir não só no presente século, mas também no vindouro. E pôs ***todas as cousas*** debaixo dos seus pés e, para ser o cabeça sobre ***todas as cousas,*** o deu à Igreja." Efésios 1:20-22

Que diferença do retrato Católico de Jesus, o qual reduz o Senhor a um fraco espiritual destituído de poder e autoridade. Caro amigo Católico, Jesus Cristo não precisa da ajuda de ***ninguém!*** Ele é muito capaz de fazer o serviço:

> "Por isso, também, pode salvar totalmente os que por ele se chegam a Deus, ***vivendo sempre para interceder por eles.***" Hebreus 7:25

Antes de orar por um amado morto, por favor, entenda que estas regras são todas feitas por homens. Deus nunca lhe pediu para orar pelos mortos, nem prometeu que isso lhes faria bem algum.

Como um jovem Católico, eu sempre pensava que todas estas regras de algum modo vinham de Deus. Mas não vêm. Leia a Bíblia e veja por si mesmo. O Catecismo ensina tradições de homens, não mandamentos de Deus.

## O mesmo exemplo

Certamente você notou que Jesus Cristo sofreu mais uma séria desonra. De Único e Divino Intercessor à destra do Pai, Jesus é sepultado sob uma multidão de mortos humanos e é relegado a ser um dos muitos intercessores. Por que a religião Católica continua a fazer isso com o Senhor Jesus Cristo!?

## Conclusão

Mais uma vez você vai ter de encarar algumas decisões importantes:

• Você vai continuar orando pelos mortos, sabendo que esta é uma tradição de homens e não um mandamento de Deus?

• Você vai aderir a uma doutrina que degrada o Senhor Jesus Cristo, a fim de que a tradição da Igreja possa ser exaltada?

• Você vai rejeitar conscientemente a Palavra de Deus para seguir tradições de homens?

São decisões que você terá de tomar. Enquanto pondera estas coisas, lembre-se das palavras de Jesus:

> "E em vão me adoram, ensinando doutrinas que são preceitos de homens."
> Mateus 15:9

# 26

# Imagens

O Catolicismo exige que todos os Católicos "venerem" estátuas ou imagens de Cristo, Maria e outros:

> "As santas imagens, presentes em nossas Igrejas e em nossas casas, destinam-se a despertar e a alimentar a nossa fé no mistério de Cristo. Através do ícone de Cristo e das suas obras salvíficas, é a ele que adoramos. Através das santas imagens da santa mãe de Deus, dos anjos e dos santos, veneramos as pessoas nelas representadas." P. 335, #1192

Sem levar em conta o que as estátuas representam, uma coisa é certa - elas transgridem as instruções de Deus. Quando Deus deu os Dez Mandamentos, o segundo foi:

> "Não farás para ti ***imagem*** de escultura, nem semelhança alguma do que há em cima nos céus, nem embaixo na terra." Êxodo 20:4

Deus também ordenou:

> "Nem levantarás coluna, ***a qual o Senhor teu Deus odeia.***"
>
> Deuteronômio 16:22

A Bíblia conclui que aqueles que fazem ou possuem estátuas estão corrompidos:

> "Guardai, pois, cuidadosamente a vossa alma, pois aparência nenhuma vistes no dia em que o Senhor, vosso Deus, vos falou em Horebe, no meio do fogo; para que não vos corrompais e vos façais alguma imagem esculpida na forma de ídolo, semelhança de homem ou de mulher."
>
> Deuteronômio 4:15-16

Deus declara novamente sua posição:

> "Guardai-vos, não vos esqueçais da aliança do Senhor, vosso Deus, feita convosco, e vos façais alguma imagem esculpida, semelhança de alguma cousa que o Senhor, vosso Deus, vos proibiu." Deuteronômio 4:23

A Palavra de Deus também proíbe expressamente as pessoas de se curvar diante das imagens, o que é costume na Igreja Católica. Sempre que você vir o Papa ajoelhando-se em frente a Maria, você deveria pensar sobre estes versos da Escritura Sagrada:

> "***Não as adorarás nem lhes darás culto;*** porque eu sou o Senhor, teu Deus, Deus zeloso..." Êxodo 20:5

No Novo Testamento o apóstolo Paulo explica porque Deus é tão categórico contra os ídolos:

> "Que digo, pois? que o sacrificado ao ídolo é alguma coisa? Ou que o próprio ídolo tem algum valor? Antes digo que as cousas que eles sacrificam é a ***demônios*** que as sacrificam, e não a Deus; e eu não quero que vos torneis associados aos demônios."
>
> 1 Coríntios 10:19-20

Atrás de cada ídolo há um demônio literal, e Deus não deseja associação alguma com demônios. Não é de admirar que Deus proíba o uso de ídolos:

> "***Não vos virareis para os ídolos,*** nem vos fareis deuses de fundição. Eu sou o Senhor, vosso Deus."
>
> Levítico 19:4

Deus odeia a idolatria:

> "Mas agora vos escrevo que não vos associeis com alguém que, dizendo-se irmão, for impuro, ou avarento, ***ou idólatra,*** ou maldizente, ou beberrão, ou roubador; com esse tal nem ainda comais." 1 Coríntios 5:11

> "Sabei, pois, isto: nenhum incontinente, ou impuro, ou avarento, ***que é idólatra,*** tem herança no reino de Cristo e de Deus." Efésios 5:5

Aqui Deus declara que os idólatras não entrarão no céu. Os próximos versos alertam:

> "***Ninguém vos engane com palavras vãs,*** porque por estas cousas vem a ira de Deus sobre os filhos da desobediência."
> Efésios 5:6

Será que a Igreja Católica está enganando você com palavras vãs? Decida por você mesmo.

## Origem desta doutrina

O Catolicismo reconhece que esta doutrina não veio de Deus:

> "Na trilha da doutrina divinamente inspirada dos nossos santos padres, e da tradição da Igreja Católica, que sabemos ser a tradição do Espírito Santo que habita nela, definimos com toda a

> certeza e acerto que as veneráveis e santas imagens, bem como as representações da cruz preciosa e vivificante, sejam elas pintadas, de mosaico ou de qualquer outra maneira apropriada, devem ser colocadas nas santas igrejas de Deus, sobre os utensílios e as vestes sacras, sobre paredes e em quadros, nas casas e nos caminhos..." P. 327, #1161

Esta doutrina veio dos "santos padres" e da "tradição da Igreja Católica". Espera-se que você creia que estes santos padres foram "divinamente inspirados" para violar a Palavra de Deus? Você pode aceitar isto?

O salmista nos ensina ainda mais sobre este assunto:

> "Os ídolos das nações são prata e ouro, obras das mãos dos homens. Têm boca e não falam; têm olhos e não vêem; têm ouvidos e não ouvem, pois não há alento de vida em sua boca. Como eles, se tornam os que os fazem, e todos os que neles confiam."
> Salmo 135:15-18

Em outras palavras, como um ídolo é surdo e mudo, também todos os que fabricam ídolos e neles confiam são débeis mentais.

Esta é uma admoestação poderosa de um Deus amoroso e compassivo.

## Conclusão

A Igreja Católica determina que os ídolos "despertam e alimentam" sua fé no "mistério de Cristo". Mas a Palavra de Deus proíbe o seu uso. A quem você vai obedecer?

> "Não fareis para vós outros ídolos, nem vos levantareis imagem de escultura, nem poreis pedra com figuras na vossa terra, para vos inclinardes a ela; porque eu sou o Senhor, vosso Deus."
>
> Levítico 26:1

> "Negligenciando o mandamento de Deus, guardais a tradição dos homens."
>
> Marcos 7:8

# 27

# Confirmação

A Confirmação, além de ser um dos sacramentos necessários à salvação, também provê aos Católicos outros benefícios, diz o Catecismo:

> "A Confirmação aperfeiçoa a graça batismal; é o sacramento que dá o Espírito Santo para enraizar-nos mais profundamente na filiação divina; incorporar-nos mais firmemente a Cristo, tornar mais sólida a nossa vinculação com a Igreja..." P. 363-364, #1316

Supostamente a Confirmação incorpora os Católicos mais ***firmemente*** a Cristo. Mas a Bíblia não ensina tal doutrina. De acordo com a Palavra de Deus, ou você está ou não está em Cristo. Estar mais incorporado a Cristo nunca é ensinado:

> "E assim, se alguém está ***em Cristo,*** é nova criatura; as cousas antigas já passaram; eis que se fizeram novas."
>
> 2 Coríntios 5:17

Desde que você é nascido na família de Deus, não há pessoa ou coisa que possa removê-lo da mesma:

> "Porque eu estou bem certo de que nem morte, nem vida, nem anjos, nem principados, nem cousas do presente, nem do porvir, nem poderes, nem altura, nem profundidade, nem qualquer outra criatura poderá separar-nos do amor de Deus, que está ***em Cristo Jesus*** nosso Senhor."
>
> Romanos 8:38-39

Um filho de Deus não necessita estar mais incorporado a Cristo:

> "Agora, pois, já nenhuma condenação há para os que estão em Cristo Jesus."
>
> Romanos 8:1

> "Mas agora em ***Cristo Jesus,*** vós, que antes estáveis longe, fostes aproximados pelo sangue de Cristo." Efésios 2:13

## Um selo espiritual

Outro suposto benefício da Confirmação é que:

> "A Confirmação, como o Batismo, imprime na alma do Cristão um sinal espiritual ou caráter indelével; razão pela qual só se pode receber este sacramento uma vez na vida." P. 364, #1317

Você pode procurar na Bíblia, mas realmente não encontrará coisa alguma sobre imprimir marca espiritual nas almas dos Cristãos. O Catecismo nos diz por que:

> "A imposição das mãos é com razão reconhecida pela ***tradição católica*** como a origem do sacramento da Confirmação..." P. 356, #1288

A Confirmação não se encontra na Bíblia porque é uma tradição de homens... uma tradição antiga que é para ser executada até o último momento da vida de um Católico:

> "Se um Cristão estiver em perigo de morte, todo presbítero deve dar-lhe a Confirmação. Com efeito a Igreja quer que nenhum dos seus filhos, mesmo se de tenra idade, deixe este mundo sem ter se tornado perfeito pelo Espírito Santo com o dom da plenitude de Cristo." P. 363, #1314

## O real propósito da Confirmação

O resultado prático deste ritual é manter as pessoas totaalmente presas à Igreja Católica. Surpreendentemente o Catecismo admite isso:

> "Com efeito, pelo sacramento da Confirmação [os fiéis] ***são vinculados*** mais perfeitamente ***à Igreja...***" P. 355, #1285

Mas, por que alguém necessitaria ficar mais

vinculado às regras da Igreja Católica, considerando que Jesus veio para tornar as pessoas livres?

> "Se, pois, o Filho vos libertar, verdadeiramente ***sereis livres.***" João 8:36

> "Para a liberdade foi que ***Cristo nos libertou.*** Permanecei, pois, firmes e não vos submetais, de novo, a jugo de escravidão." Gálatas 5:1

## Conclusão

Será que a tradição humana Católica Romana da Confirmação é necessária à salvação?

- A Palavra de Deus enfaticamente declara: "Não!"
- A Igreja Católica desconsidera a Bíblia e insiste que "é!"

Em quem você vai acreditar... na Palavra de Deus ou nos mandamentos de homens?

> "E em vão me adoram, ensinando doutrinas que são mandamentos de homens." Mateus 15:9

# 28

# Confessando Pecados a Um Sacerdote

Com referência ao perdão de pecados, duas doutrinas críticas devem ser examinadas. Primeiro, todos os pecados devem se confessados a um sacerdote:

> "Aquele que quiser obter a reconciliação com Deus e com a Igreja deve confessar ao sacerdote todos os pecados graves que ainda não confessou e de que se lembra depois de examinar cuidadosamente a sua consciência." P. 411, #1493

> "A declaração dos pecados ao sacerdote constitui uma parte essencial do sacramento da penitência." P. 401, #1456

> "É chamado sacramento da Confissão porque a declaração, a confissão dos pecados diante do sacerdote, é um elemento essencial desse sacramento." P. 392, #1424. (Veja também #1493)

O Catolicismo ordena os membros a confessar seus pecados a um homem, mas a Bíblia revela que aqueles que são nascidos na família de Deus podem ir diretamente ao trono de Deus para terem seus pecados perdoados:

> "***Confessei-te*** o meu pecado e a minha iniquidade não mais ocultei. Disse: ***Confessarei ao Senhor*** as minhas transgressões; e tu perdoaste a iniquidade do meu pecado." Salmo 32:5

> "Se confessarmos os nossos pecados ele é fiel e justo para nos perdoar os pecados e nos purificar de toda injustiça." 1 João 1:9

Davi confessava seus pecados a Deus, enquanto orava:

> "Lava-me completamente da minha iniquidade, e purifica-me do meu pecado. Pois eu conheço as minhas transgressões, e o meu pecado está sempre diante de mim." Salmo 51:2-3

Aqui está porque os verdadeiros Cristãos têm acesso ao trono de Deus:

> "Tendo, pois, irmãos, intrepidez para entrar no Santo dos Santos, ***pelo sangue de Jesus...*** " Hebreus 10:19

Por causa do sangue imaculado que Jesus derramou na cruz, temos autoridade para ir diretamente ao trono de Deus, a fim de sermos perdoados.

### O exemplo do "primeiro papa"

No Livro de Atos, um homem chamado Simão veio ao suposto primeiro Papa, Pedro, desejando comprar o poder do Espírito Santo. Como Pedro lhe respondeu a este pecado? Ele sugeriu que Simão lhe fizesse uma confissão ali mesmo? Não, Pedro disse-lhe para se arrepender e confessar seu pecado a Deus e pedir perdão a Deus. (Veja Atos 8:18-22).

### Os sacerdotes podem perdoar pecados?

A segunda parte desta doutrina sugere que os padres Católicos têm o poder de perdoar pecados:

> "Somente os sacerdotes que receberam da autoridade da Igreja a faculdade de absolver podem perdoar os pecados em nome de Cristo." P. 411, #1495. (Veja também P. 399, #1448).

Aqui também a doutrina Católica se opõe à Palavra de Deus:

> "Por que fala ele deste modo? Isto é blasfêmia! Quem pode perdoar pecados, ***senão um, que é Deus?***"
>
> Marcos 2:7

O Catolicismo ensina que o sacerdote é um mediador entre Deus e o homem. Veja P. 401, #1456

Mas a Bíblia reconhece apenas um Mediador:

> "Porquanto há um só Deus e um só Mediador entre Deus e os homens, ***Cristo Jesus, homem.***" 1 Timóteo 2:5

Mais uma vez o Catecismo admite que estas não são instruções de Deus, mas tradições de homens:

> "Os ***Padres da Igreja*** apresentam este sacramento como a segunda tábua (de salvação)..." P. 398, #1446

## Mais escravidão

> "Conforme o mandamento da Igreja, 'todo fiel depois de ter chegado à idade da discrição, é ***obrigado*** a confessar' fielmente seus pecados graves, pelo menos uma vez por ano." P. 401, #1457 *(Ênfase do autor)*

Eis aí novamente a "obrigação". Os Padres da Igreja criaram outra tradição que mantém as pessoas presas à Igreja Católica.

Que argumento poderoso para se apresentar aos Católicos do mundo inteiro! Em essência, esta doutrina diz que se você deixar a Igreja Católica, não poderá mais ter os seus pecados perdoados, o que significa que você não poderá ir para o céu.

Por favor, lembre-se, nada disso veio de Deus! São todas ameaças feitas por homens. Possa Deus abrir seus olhos espirituais e dar-lhe compreensão, de modo que você possa ver a profundidade dos ligamentos com que esta religião o envolve. Possa Deus mostrar-lhe que você não tem mais de continuar cativo desta religião. Jesus Cristo deseja que você seja livre.

## Conclusão

Milhões de Católicos fiéis fazem filas nos confessionários, acreditando que o sacerdote tem o poder de perdoar seus pecados.

E você? Onde ***você*** irá, a fim de ter seus pecados perdoados? Para um sacerdote pecador, como as tradições de homens da Igreja Católica mandam?

Ou irá diretamente ao Deus Todo Poderoso, como a Bíblia ensina?

> "Das profundezas clamo a ti, Senhor. Escuta a minha voz: estejam alerta os teus ouvidos às minhas suplicas. Se observares, Senhor, iniqüidades, quem Senhor, subsistirá? Contigo, porém, está o perdão, para os que te temem."
>
> Salmo 130:1-4

# 29

# Indulgências

Através das Indulgências, os pecados dos Católicos Romanos, tanto dos que estão vivos como dos que estão no Purgatório, podem supostamente ser perdoados.

> "Pelas indulgências, os fiéis podem obter para si mesmos e também para as almas do purgatório a remissão das penas temporais, seqüelas do pecado." P. 411, #1498

Aqui está a definição de uma indulgência pelo Catecismo:

> "A indulgência é a remissão diante de Deus, da pena temporal devida pelos pecados já perdoados quanto à culpa que o fiel bem disposto obtém em certas condições determinadas, pela intervenção da Igreja que, como dispensadora da Redenção, distribui e aplica por sua autoridade o tesouro das satisfações de Cristo e dos santos." P. 406, #1471

Aqui a água se torna profunda. O espaço não permite uma plena explicação de indulgências. Basta dizer que elas são um complicado sistema de boas obras. Deveria também ser mencionado que cada regra relativa a indulgências é uma tradição de homens. Nem sequer uma pode ser encontrada na Palavra de Deus.

## Categorias de pecados?

> "Para compreender esta doutrina e esta prática da Igreja, é preciso admitir que o pecado tem uma dupla conseqüência." P. 406, #1472

Mas a Bíblia consistentemente revela que todo pecado tem a mesma conseqüência:

> "Porque o salário do pecado ***é a morte...***" Romanos 6:23

> "Então a cobiça, depois de haver concebido, dá à luz o pecado; ***e o pecado,*** uma vez consumado, ***gera a morte.***" Tiago 1:15

O resultado final do pecado é sempre a morte, não importa quão pequeno consideremos o pecado. Os Católicos tentam pagar pelos pecados através de indulgências, mas Cristo já pagou por ***todos*** os pecados:

> "Antes de tudo vos entreguei o que

> também recebi; ***que Cristo morreu pelos nossos pecados,*** segundo as Escrituras." 1 Coríntios 15:3

Enquanto é verdade que Deus deseja que seus filhos pratiquem boas obras, essas obras não são exigidas para a salvação; elas são um resultado da salvação. Paulo ensina:

> "Porque ***pela graça sois salvos,*** mediante a fé; e isto não vem de vós; é dom de Deus; não de obras, para que ninguém se glorie. Pois somos feitura dele, criados em Cristo Jesus ***para boas obras,*** as quais Deus de antemão preparou para que andássemos nelas."
> Efésios 2:8-10

Uma vez salvos pela graça, as boas obras se seguem. Mas boas obras ***jamais*** são uma exigência de salvação. Nem são também exigência para perdão de pecados após a salvação.

O Novo Testamento se expande com exemplos de Jesus perdoando pecados, mas ele jamais exigiu boas obras como condição de perdão.

### Podem os vivos ajudar os mortos?

O Catolicismo também prega que as indulgências ajudam os que já morreram:

> "Uma vez que os fiéis defuntos em vias de purificação também são membros da mesma comunhão dos santos, podemos ajudá-los obtendo para eles indulgências, para libertação das penas temporais devidas por seus pecados."
> P. 408, #1479

Aqui está outra carga de tradições humanas. Você jamais encontrará algo deste ensino na Palavra de Deus. Como já mencionamos previamente, o tempo para ter seus pecados remidos é enquanto você está vivo.

## Três temas

Nesta doutrina, três temas decorrentes vêm novamente à superfície:

1. Outro atributo divino de Jesus é minimizado. A Bíblia declara que só a obra de Cristo pode oferecer perdão de pecados. O Catolicismo, por sua vez, afirma que os pecados podem ser perdoados através das boas obras de um Católico qualquer.

2. As indulgências mantêm as pessoas atadas à Igreja Católica. Em vez de ir a Deus para obter perdão, os Católicos devem trabalhar e se esforçar, praticando boas obras através da Igreja Católica, para conseguir perdão dos seus pecados.

Digno de nota é ponderar que as "boas obras" do

Catolicismo diferem das boas obras da Bíblia. As boas obras bíblicas são feitos praticados em favor de outras pessoas, enquanto as boas obras do Catolicismo são praticadas através de rituais da Igreja (Missas, rezar o rosário, orações Católicas, acender velas, etc.). Deus pretende que as boas obras ajudem outras pessoas, não que atem o povo à Igreja.

3. Indulgências são uma forma de câmbio negro, forçando as pessoas a permanecerem fiéis à Igreja, a fim de que possam algum dia ajudar seus amados a chegar ao céu.

## Conclusão

Este sistema de boas obras é de Deus? Leia o que Deus registra em sua Santa Palavra sobre o assunto, então decida por você mesmo:

> "Não por obras de justiça praticadas por nós, mas segundo sua misericórdia ele nos salvou..." Tito 3:5

# 30

# Interpretando a Palavra de Deus

Podem os Católicos interpretar a Palavra de Deus por si mesmos?

> "O encargo de interpretar autenticamente a Palavra de Deus foi confiado exclusivamente ao Magistério da Igreja, ao Papa e aos bispos em comunhão com ele." P. 38, #100

Será que ***somente*** o Papa e a liderança da Igreja Católica podem interpretar corretamente a Palavra de Deus? Vamos à Bíblia e vejamos o que ela diz sobre este ensino. Quando Paulo e Silas pregavam em Beréia, assim referiram-se ao povo:

> "...receberam a palavra com toda a avidez, ***examinando as Escrituras*** todos os dias para ver se as cousas eram de fato assim." Atos 17:11

Em outras palavras, eles interpretavam as Escrituras por si mesmos com a ajuda do Espírito Santo.

> "Respondeu-lhes Jesus: não provém o vosso erro de não conhecerdes as Escrituras, nem o poder de Deus?"
>
> Marcos 12:24

Por que Jesus censurou os saduceus por não conhecerem as Escrituras se fosse impossível para eles interpretá-las? E por que Pedro, o primeiro "Papa" do Catolicismo, declara o seguinte?

> "Sabendo primeiramente, isto, que nenhuma profecia da Escritura provém de ***particular elucidação.***"
>
> 2 Pedro 1:20

Por que Paulo nos instrui a estudar a Bíblia, se não podemos interpretá-la?

> "***Procura*** apresentar-te a Deus, aprovado, como obreiro que não tem de que se envergonhar, ***que maneja bem a palavra da verdade.***"
>
> 2 Timóteo 2:15

Jesus admoestou os judeus:

> "***Examinai as Escrituras...***" João 5:39

Por que ele o teria feito se soubesse que eles não poderiam interpretá-la?

## Quem faz a interpretação?

A Bíblia revela que o Espírito Santo, não um grupo de homens, interpretará a Escritura para os filhos de Deus, bem como os ajudará a compreender todas as coisas.

> "Mas o Consolador, o Espírito Santo, a quem o Pai enviará em meu nome, ***esse vos ensinará todas as cousas*** e vos fará lembrar de tudo o que vos tenho dito." João 14:26

> "Quando vier, porém, o Espírito da Verdade, ***ele vos guiará a toda a verdade...***" João 16:13

O apóstolo Paulo reconhecia ser o Espírito Santo aquele que lhe ensinava:

> "Disto também falamos, não em palavras ensinadas pela sabedoria humana, ***mas ensinadas pelo Espírito,*** conferindo cousas espirituais com espirituais." 1 Coríntios 2:13

> "Ora, nós não temos recebido o espirito do mundo, e, sim, ***o Espírito que vem de Deus,*** para que conheçamos o que por Deus nos foi dado gratuitamente." 1 Coríntios 2:12

Porque os Cristãos são aconselhados a memorizar as Escrituras, se eles não podem entendê-las?

> "Guardo no coração as tuas palavras, para não pecar contra ti." Salmo 119:11

> "Guarda os meus mandamentos e vive... escreve-os na tábua do teu coração." Provérbios 7:2-3

### Uma admoestação

Os versos seguintes das Escrituras deveriam alarmar qualquer um que acredite precisar de uma Igreja para interpretar a Bíblia para eles:

> "Isto que vos acabo de escrever é acerca dos que ***vos procuram enganar.*** Quanto a vós outros, a unção que dele recebestes permanece em vós, ***e não tendes necessidade de que alguém vos ensine;*** mas a sua unção vos ensina a respeito de todas as cousas, e é verdadeira, e não é falsa, permanecei nele, como também ela vos ensinou."
> 1 João 2:26-27

Poderia ser mais clara a posição de Deus?

### Conclusão

Por que a Igreja Católica está tão determinada a interpretar as Escrituras para você? É porque deseja controlar você e mantê-lo atado ao Catolicismo?

Será que ela está com medo que você leia a Escritura sozinho e descubra que as doutrinas Católicas são contrárias à Palavra de Deus?

Você realmente acredita que todos os não Católicos estão rondando espiritualmente às cegas, precisando da Igreja Católica para lhes interpretar a Bíblia?

Guarde estas coisas em sua mente, mas sua decisão mais importante é:

> "Quem interpretará a Escritura para você... o Espírito Santo de Deus ou a Igreja Católica Romana?"

Sua resposta a esta pergunta determinará a quem você vai obedecer e onde você passará a eternidade:

> "Quanto amo a tua lei! É a minha meditação todo dia. Os teus mandamentos me fazem mais sábio que os meus inimigos; porque aqueles eu os tenho sempre comigo. Compreendo mais do que todos os meus mestres, porque medito nos teus testemunhos."
>
> Salmo 119: 97-99

# 31

# Prece Católica

> "A oração não se reduz ao surgir espontâneo de um impulso interior; para rezar é preciso querer. Não basta saber o que as Escrituras revelam sobre a oração; também é indispensável aprender a rezar. E é por uma transmissão viva (a Sagrada Tradição) que o Espírito Santo na 'Igreja Crente e Orante', ensina os filhos de Deus a rezarem." P. 680, #2650

Este trecho do Catecismo faz duas declarações controvertidas. Vamos dar uma olhada em cada uma. Primeiro:

> "A oração não pode ser reduzida ao surgir espontâneo de um impulso interior."

De acordo com a Bíblia, ***ela pode.*** A Palavra de Deus contém milhares de exemplos de orações espontâneas... e Deus ouviu cada uma delas:

> "Com a minha voz clamo ao Senhor, ***e ele*** do seu santo monte ***me responde.***"
> Salmo 3:4

> "Senhor, meu Deus, clamei a ti por socorro, e ***tu me saraste.***" Salmo 30:2

> "Na minha angústia clamo ao Senhor, ***e ele me ouve.***" Salmo 120:1

> "Confiai nele, ó povo, em todo tempo; ***derramai perante ele o vosso coração.*** Deus é o nosso refúgio." Salmo 62:8

Em vez de declarações espontâneas, as orações Católicas são uma interminável repetição de palavras escritas. Interessante é que Jesus proibiu este método, chamando-o de prática "pagã":

> "E, orando, ***não useis de vãs repetições,*** como os gentios; porque presumem que pelo seu muito falar serão ouvidos."
> Mateus 6:7

Segundo, o Catecismo exige:

> "Não basta saber o que as Escrituras revelam sobre a oração; também é indispensável aprender a rezar e é por uma transmissão viva (a Sagrada Tradição) que o Espírito Santo na 'Igreja Crente e Orante' ensina os filhos de Deus a rezarem."

Aqui o Catecismo afirma que as Escrituras não podem ensinar a orar. Para isso você tem a Igreja Católica. Entretanto, muito antes de existir uma

Igreja Católica as pessoas oravam e obtinham respostas às suas orações:

> "E, orando Abraão, ***sarou Deus Abimeleque, sua mulher e suas servas...***" Gênesis 20:17

> "Então o povo clamou a Moisés, e orando este ao Senhor, ***o fogo se apagou.***" Números 11:2

> "E, como desceram contra ele, orou Eliseu ao Senhor e disse: fere, peço-te, esta gente de cegueira. ***Feriu-a de cegueira, conforme a palavra de Eliseu.***" 2 Reis 6:18

Estas pessoas simplesmente derramaram seus corações diante de Deus, sem auxílio da Igreja Católica. Deus faz este convite aos seus filhos:

> "***Invoca-me*** no dia da angústia; eu te livrarei e tu me glorificarás."
> Salmo 50:15

> "Não andeis ansiosos de coisa alguma; em tudo, porém, ***sejam conhecidas diante de Deus as vossas petições*** pela oração e pela súplica, com ações de graça. E a paz de Deus, que excede todo o entendimento, guardará os

> vossos corações e as vossas mentes em
> Cristo Jesus." Filipenses 4:6-7

A Palavra de Deu ensina que Deus não apenas aceita orações espontâneas. Ele as encoraja.

## Escravidão?

Será uma coincidência que esta doutrina Católica mantenha seus membros mais atados a ela? Você é que tem de decidir.

## Conclusão

Temos um impasse. A Bíblia condena a forma de oração do Catolicismo e a Igreja Católica condena a forma bíblica de oração. Obviamente você vai ter de escolher um dos lados.

Vai ficar do lado de Deus e sua Santa Palavra, ou com as tradições de homens?

> "A ti clamaram, e se livraram; confiaram
> em ti e não foram confundidos."
> Salmo 25:5

# 32

# Penitência

Outra série de boas obras exigidas pelo Catolicismo é conhecida como penitência:

> "A absolvição tira o pecado, mas não remedia todas as desordens que ele causou. Liberto do pecado, o pecador deve ainda recobrar a plena saúde espiritual. Deve, portanto, fazer alguma coisa a mais para reparar seus pecados; deve 'satisfazer' de modo apropriado ou 'expiar' seus pecados. Esta satisfação chama-se também 'penitência'." P. 402, #1459

Milhões de Católicos no mundo cumprem fielmente a penitência, crendo que essas boas obras são exigidas por Deus para "fazer compensação por" seus pecados e restaurá-los à "plena saúde espiritual."

Entretanto, as Escrituras escritas revelam que esta prática é uma outra tradição humana que desafia a Palavra de Deus e degrada a obra feita por Cristo na cruz.

Como já foi amplamente explicado, Cristo pagou o preço total por nossos pecados no Calvário. Acreditar que boas obras são necessárias para se recobrar a "plena saúde espiritual" é negar a Palavra de Deus. Deus faz esta promessa a todos os que colocam sua fé em Jesus Cristo:

> "...Também de nenhum modo me lembrarei dos seus pecados e das suas iniquidades, para sempre. Ora, onde há remissão destes, já não há oferta pelo pecado." Hebreus 10:17-18

Deus promete ***jamais*** se lembrar dos pecados dos verdadeiros Cristãos, e declara que uma vez que os pecados são perdoados através da fé em Cristo, não há mais oferta pelo pecado. Em outras palavras, não existe necessidade de obra alguma que possa fazer seus pecados perdoados . Cristo já fez tudo!

Mesmo assim o Catecismo continua insistindo em regras humanas:

> "A penitência imposta pelo confessor deve levar em conta a situação pessoal do penitente e procurar seu bem espiritual. Deve corresponder, na medida do possível, à gravidade e à natureza dos pecados cometidos." P. 402, #1460

O Catecismo até define as boas obras específicas

que podem constituir-se em penitência:

> "(A penitência) pode consistir na oração, numa oferta, em obras de misericórdia, no serviço do próximo, em privações voluntárias, sacrifícios, e principalmente na aceitação paciente da cruz que temos de carregar." P. 402-403, #1460

Mas Deus jamais exigiu boas obras para perdão de pecados:

> "Pois tu, Senhor, és bom e compassivo; abundante em benignidade para com ***todos os que te invocam.*** " Salmo 86:5

A Bíblia declara que os Cristãos são justificados através de Jesus Cristo, não de boas obras:

> "Sabendo, contudo, que o homem não é justificado por obras da lei, e, sim, mediante ***a fé em Cristo Jesus...*** pois por obras da lei ninguém será justificado." Gálatas 2:16

Paulo sabia que se a justiça fosse ganha através de boas obras, então Cristo teria morrido em vão:

> "Não anulo a graça de Deus; pois, se a justiça é mediante a lei, segue-se que morreu Cristo em vão." Gálatas 2:21

O Catecismo ainda estende esta tradição para sugerir que a penitência pode ajudar os defuntos:

> "A Igreja recomenda também as esmolas, as indulgências e as obras de penitência em favor dos defuntos." P. 291, #1032

Como blocos de cimento sobre uma parede de concreto, eles vão empilhando tradições até o topo. E cada uma viola os ensinos claros das Escrituras.

## Conclusão

Esta doutrina Católica levanta pelo menos três perguntas a serem respondidas por você mesmo:

• Será por mera coincidência que esta doutrina anti-bíblica mantém as pessoas cativas da Igreja Católica?

• Por que o Catolicismo novamente rebaixa Jesus Cristo, insistindo em que o Seu sacrifício não foi suficiente, e que os Católicos devem anexar o seu próprio sacrifício, a fim de pagar pecados?

• Por fim, a mais importante: ao lado de quem você vai ficar neste caso? ... das tradições humanas ou da Palavra de Deus?

> "Concluímos, pois, que o homem é justificado pela fé, ***independentemente das obras da lei.***" Romanos 3:28

# 33

# Os Católicos são Cristo?

> "Alegremo-nos, portanto, e demos graças por nos termos tornado não somente Cristãos, mas o próprio Cristo... Admirai e rejubilai, nós nos tornamos Cristo." P. 228, #795

Esta é uma citação direta da edição do *Catecismo da Igreja Católica,* 1993, Editora Vozes Ltda. Se você duvida que o Catecismo faça tal declaração, por favor verifique.

Esta doutrina é ensinada hoje, mas não na Bíblia. É um ensino ocultista da Nova Era. O espaço não nos permite estender a discussão sobre este assunto aqui, mas certamente poderá ser um estudo fascinante para os Católicos interessados.

### O que Deus diz?

Quando a Bíblia menciona este assunto, é sempre admoestando contra os enganadores:

> "Porque virão muitos em meu nome,

> dizendo: eu sou o Cristo, ***e enganarão a muitos.***" Mateus 24:5

> "Porque surgirão ***falsos cristos*** e falsos profetas..." Mateus 24:24

A admoestação de Jesus é para evitar que nos enganemos com pessoas fazendo esta proclamação errônea:

> " ...Vede que ***não sejais enganados;*** porque muitos virão em meu nome, dizendo: Sou eu! e também: Chegou a hora! Não os sigais." Lucas 21:8

Jesus nos avisa para não crermos neles:

> "Então se alguém vos disser: Eis aqui o Cristo ou Ei-lo ali! ***não acrediteis.***"
> Mateus 24:23

Visto como Jesus Cristo é Deus (1 João 5:7), esta doutrina ensina que todos os Católicos são realmente Deus, o que contradiz as Escrituras:

> "Olhai para mim e sede salvos, vós, todos os termos da terra; porque eu sou Deus e ***não há outro.***" Isaías 45:22

> "Lembrai-vos das cousas passadas da antigüidade: que eu sou Deus, ***e não há outro,*** eu sou Deus, ***e não há outro semelhante.***" Isaías 46:9

> "A ti te foi mostrado para que soubesses que o Senhor é Deus; nenhum outro há, senão ele." Deuteronômio 4:35

Estaria Pedro referindo-se a esta doutrina, quando pregou o seguinte?

> "Assim como no meio do povo surgiram falsos profetas, assim também haverá entre vós falsos mestres, os quais introduzirão dissimuladamente heresias destruidoras, até ao ponto de renegarem o Soberano Senhor, que os resgatou, trazendo sobre si mesmos repentina destruição." 2 Pedro 2:1

## O último insulto

Através de todo este livro, as doutrinas Católicas têm solapado a honra e a glória devidas a Jesus Cristo e as tem dado a Maria, Papas, obréias (Eucaristia), etc. Mas este é o último insulto.

Esta doutrina incrível sugere que todo Católico Romano é, de fato, Jesus Cristo! O Criador do Universo, o Rei dos reis e o Senhor dos senhores foi destronado e declarado nada melhor do que qualquer Católico que anda aí pela rua!

Você pode aceitar isto? A Bíblia não pode. Ela retrata Jesus numa luz totalmente diferente:

> "Vi e ouvi uma voz de muitos anjos ao

> redor do trono, dos seres viventes, e dos anciãos, cujo número era de milhões de milhões e milhares de milhares, proclamando em grande voz: Digno é o Cordeiro que foi morto, de receber o poder, e riqueza, e sabedoria, e força, e honra, e glória, e louvor.
>
> Então ouvi que toda criatura que há no céu e sobre a terra, debaixo da terra, e sobre o mar, e tudo que neles há, estava dizendo: Àquele que está sentado no trono, e ao Cordeiro, seja o louvor, e a honra, e a glória, e o domínio pelos séculos dos séculos. E os quatro seres viventes respondiam: Amém; também os anciãos prostraram-se e adoraram."
>
> Apocalipse 5:11-14

## Conclusão

Caro amigo Católico, você de fato acredita que é realmente Cristo? Agrada-lhe saber que o Movimento ocultista Nova Era endossa a posição da sua Igreja, enquanto a Bíblia a condena?

> "Para nós há um só Deus, o Pai, de quem são todas as cousas e para quem existimos; ***e um só Senhor, Jesus Cristo,*** pelo qual são todas as cousas, e nós também por ele." 1 Coríntios 8:6

# 34

# Poderiam 850 Milhões de Católicos Estar Errados?

O Catecismo anuncia que, como a única Igreja verdadeira, os que são batizados na Igreja Católica estão seguros do céu:

> "A Igreja não conhece outro meio senão o Batismo para garantir a entrada na bem-aventurança eterna." P. 350, #1257

No Brasil são 100 milhões, ou mais de pessoas, que estão sendo guiadas para o céu.

Em muitos outros países, noventa por cento ou mais da população é Católica, significando que nove entre cada dez pessoas atravessarão os portões de pérola. O Catolicismo mundial proclama chegar a quase um bilhão de membros.

Você não pode acreditar que quase um bilhão de pessoas poderiam estar erradas, mas veja o que Jesus fala:

> "Entrai pela porta estreita (larga é a porta e espaçoso o caminho que conduz para ***a perdição*** e são ***muitos*** os que entram por ela); porque estreita é a porta e apertado o caminho que conduz para a vida, e são poucos os que acertam com ela." Mateus 7:13-14

De acordo com Jesus, as massas aceitam prazerosamente os falsos sistemas religiosos que conduzem à destruição, enquanto poucos encontram a verdadeira salvação que conduz ao céu.

Quando Jesus andava na terra, uma pequena minoria o seguia. A maioria rejeitou seus ensinos e preferiu permanecer nas religiões bem estabelecidas e socialmente aceitas. Em outras palavras, rejeitaram a verdade, a fim de poder guardar suas tradições religiosas. Jesus falou as seguintes palavras aos que fizeram esta escolha:

> "...Jeitosamente rejeitais o preceito de Deus para guardardes a vossa própria tradição." Marcos 7:9

Enquanto Jesus estava pregando, um ouvinte que começara a entender esta verdade, perguntou a Jesus:

> "...Senhor, são poucos os que são salvos? Respondeu-lhe: Esforçai-vos

por entrar pela porta estreita, pois eu vos digo que muitos procurarão entrar e não poderão." Lucas 13:23-24

Quando Jesus ensinou seus discípulos a sair para pregar o evangelho, ele disse:

"...A seara na verdade é grande, mas os trabalhadores ***são poucos.*** " Mateus 9:37

Em outras palavras, muitas pessoas estão perdidas e necessitam de um Salvador, mas poucos têm a verdade para ir e ensinar-lhes.

## Conclusão

Através de todo este livro, cada doutrina Católica tem violado a Palavra de Deus. Milhões de Católicos ignoram os ensinos de Deus e continuam seguindo tradições de homens, afirmando estar certos, só porque estão na religião da maioria. Jesus advertiu:

"Todo aquele, pois, que ouve estas minhas palavras e as pratica, será comparado a um homem prudente... E todo aquele que ouve estas minhas palavras e não as pratica, será comparado a um homem ***insensato...*** "

Mateus 7:24-26

Será que Deus o considera uma pessoa prudente

ou insensata? Se você acha que pode ignorar as ordens de Deus, porque pertence à religião da maioria, precisa ler Mateus 7:24-26, novamente.

Jesus faz outra admoestação à maioria que tem desobedecido a Palavra de Deus e conta com a salvação através de boas obras:

> "Muitos naquele dia hão de dizer-me: Senhor, Senhor! porventura não temos profetizado em teu nome, e em teu nome não expelimos demônios, e em teu nome não fizemos ***muitos milagres?*** Então lhes direi explicitamente: ***Nunca vos conheci.*** Apartai-vos de mim, os que praticais a iniqüidade."
>
> Mateus 7:22-23

Como podem tantos Católicos chamar Jesus de Senhor, e mesmo assim desconsiderar totalmente suas instruções? Jesus fez esta mesma pergunta em Sua Palavra:

> "Por que me chamais, Senhor, Senhor, e não fazeis o que vos mando?"
>
> Lucas 6:46

Você pode ignorar esta pergunta agora, mas o que dirá quando Jesus lhe fizer a mesma pergunta pessoalmente, quando você morrer e estiver diante d'Ele para o julgamento?

# 35

# Reconciliação

Um Católico que se reconcilia com Deus é simultaneamente reconciliado com a Igreja Católica, afirma o Catecismo:

> "O perdão dos pecados reconcilia com Deus, mas também com a Igreja." P. 403, #1462

Novamente, a Bíblia e o Catecismo entram em choque. A Palavra de Deus ensina a necessidade de se reconciliar com Deus mas não com a Igreja Católica:

> "E que, havendo feito a paz pelo sangue da sua cruz, por meio dele reconciliasse ***consigo mesmo*** todas as cousas..." Colossenses 1:20

> "Ora, tudo provém de Deus que nos reconciliou ***consigo mesmo*** por meio de Cristo, e nos deu o ministério da reconciliação." 2 Coríntios 5:18

Paulo Apóstolo pregou que as pessoas deveriam se reconciliar com Deus, mas jamais que deveriam se reconciliar com a Igreja Católica:

> "De sorte que somos embaixadores em nome de Cristo, como se Deus exortasse, por nosso intermédio. Em nome de Cristo, pois, rogamos que ***vos reconcilieis com Deus.***"
>
> 2 Coríntios 5:20

Este mesmo Paulo pregou:

> "E (Jesus) reconciliasse ambos em um só corpo ***com Deus,*** por intermédio da cruz, destruindo por ela a inimizade."
>
> Efésios 2:16

## Tema da Bíblia

O tema da Bíblia inteira é o homem sendo reconciliado com Deus através do sangue derramado por Cristo. É tipificado de antemão no Velho Testamento e ilustrado no Novo Testamento.

O coração da fé Cristã é a linda história do homem pecador sendo reconciliado com um santo e justo Deus através do sangue de Jesus Cristo:

> "Pois assim como por uma só ofensa (de Adão) veio o juízo sobre todos os

> homens para a condenação, assim também por um só ato de justiça (de Jesus) veio a graça sobre todos os homens, para a ***justificação*** que dá vida." Romanos 5:18

Reconciliar-se com Deus é bíblico, mas reconciliar-se com a Igreja Católica é uma tradição de homens.

O Catecismo ameaça dizendo que, se você não se reconciliar com a Igreja Católica, não pode ir para o céu. Onde foi ela buscar autoridade, a fim de criar tal doutrina, desde que esta não se encontra na Bíblia?

Esta é nada menos que outra doutrina destinada a manter as pessoas escravizadas à Igreja Católica! Se assim lhe parece, você deve tomar sua decisão sozinho.

## Com quem você deve se reconciliar?

Hoje, mesmo a Bíblia declarando que o nosso destino eterno será determinado por nos reconciliarmos ou não com Deus, milhões de Católicos vivem no temor mortal de morrer sem estar reconciliados com a Igreja Católica, mas não temem morrer sem estar reconciliados com Deus.

Se Deus realmente quer dizer o que ele falou em

Sua Palavra, você, como Católico fiel, está cometendo um erro que vai lamentar por toda a eternidade.

## Conclusão

Aqui estão três perguntas adicionais para você responder:

1. Se uma pessoa já está reconciliada com o Deus do universo, será que realmente importa se ela estiver ou não reconciliada com a Igreja Católica?

2. Se o seu destino eterno repousa somente em estar reconciliado com uma Igreja, iria Deus omitir informação tão vital em Sua Palavra?

3. Porque a doutrina Católica novamente contradiz textualmente a doutrina bíblica e mesmo as legítimas Palavras de Jesus Cristo?

E você? Está mais preocupado em reconciliar-se com Deus ou com a Igreja Católica?

> "Porque se nós, quando inimigos, fomos reconciliados ***com Deus*** mediante a morte do seu Filho, muito mais estando já reconciliados, seremos salvos pela sua vida." Romanos 5:10

# 36

# Celibato

> "Todos os ministros ordenados da Igreja Latina, com exceção dos diáconos permanentes, normalmente são escolhidos entre os homens fiéis que vivem em celibato e pretendem manter o celibato 'por causa do Reino dos Céus'." P. 433, #1579

O celibato é um sacrifício que Deus requer dos seus servidores, ou é uma outra tradição de homens? A Bíblia declara:

> "Digno de honra ***entre todos*** seja o matrimônio." Hebreus 13:4

Isso inclui os líderes religiosos, como padres e freiras? Quando a Palavra de Deus dá a lista das qualificações dos bispos, que são líderes religiosos, ela nos diz que:

> "É necessário, portanto, que o bispo

> seja irrepreensível, ***esposo de uma só mulher...***" 1 Timóteo 3:2

Deus faz as mesmas exigências quanto aos diáconos:

> "O diácono ***seja marido de uma só mulher,*** e governe bem seus filhos e sua própria casa." 1 Timóteo 3:12

Desde o princípio, sempre foi o plano de Deus que cada homem tivesse sua mulher. Logo após ter criado Adão, o primeiro homem...

> "Disse mais o Senhor Deus: ***não é bom que o homem esteja só;*** far-lhe-ei uma auxiliadora que lhe seja idônea."
> Gênesis 2:18

Deus não apenas expressa sua aprovação sobre o casamento. Ele faz esta poderosa admoestação:

> "Ora, o Espírito afirma expressamente que, nos últimos tempos, alguns apostatarão da fé, por obedecerem a ***espíritos enganadores, e a ensinos de demônios,*** pela hipocrisia dos que falam mentiras, e que têm cauterizada a própria consciência, que ***proíbem o casamento,*** exigem abstinência de alimentos, que Deus criou para serem

> recebidos, com ações de graça, pelos fiéis e por quantos conhecem plenamente a verdade." 1Timóteo 4:1-3

O celibato não apenas deixa de ser exigido por Deus, mas é uma doutrina de demônios. A Bíblia anuncia que os que pregam esta doutrina 'obedecem a espíritos enganadores e doutrinas de demônios, que pela hipocrisia falam mentiras'.

Por favor, entenda que estas palavras não são minhas. Elas são ***Palavras de Deus!***

Como é trágico ver que aos padres e freiras é proibido o prazer de dividir suas vidas com um cônjuge, acreditando que seu sacrifício agrada a Deus, quando na realidade estão sendo presa de um poderoso esquema demoníaco.

Se ao menos os padres e freiras pudessem saber que Deus não faz tal exigência...e que eles estão sendo enganados por Satanás. Deus registrou todas estas verdades em Sua Palavra. Se ao menos eles pudessem vê-las e compreendê-las!

## Um papa-casado?

Poucos Católicos percebem que Pedro, o "primeiro Papa", era um homem casado.

> "***A sogra de Simão*** achava-se acamada com febre..." Marcos 1:30

Este Simão é nada menos que o Apóstolo Pedro. Leia Mateus 4:18 e 10:2.

## Por que esta doutrina?

Esta doutrina Católica, bem como todas as outras sobre as quais temos discutido, opõe-se diretamente à Palavra de Deus. Devemos nos indagar por que o Catolicismo ensinaria que o celibato "proclama radiantemente o Reino de Deus", quando o Senhor declarou que esta doutrina se originou no inferno.

Será por que a Igreja Católica não quer pagar os milhões de dólares que lhe custaria cada ano para sustentar as famílias dos padres e freiras?

## Conclusão

Agora que você já sabe o que a Bíblia ensina sobre este assunto, deve decidir se vai acreditar na Palavra de Deus ou nas tradições da Igreja Católica.

Se por acaso você for um padre ou uma freira, por favor indague-se a quem seu sacrifício está realmente agradando:

> "Seja bendito o teu manancial, e ***alegra-te com a mulher da tua mocidade.***" Provérbios 5:18

# 37

# Últimos Ritos

A última doutrina que veremos é também o último rito que muitos Católicos realizam, o Viático, também conhecido como últimos ritos.

> "Como sacramento da páscoa de Cristo, a Eucaristia deveria sempre ser o último sacramento da peregrinação terrestre, o 'viático', para a 'passagem' para a vida eterna." P. 416, #1517

Este rito inclui a Unção dos Enfermos:

> "Se o sacramento dos Enfermos é concedido a todos que sofrem de doenças e enfermidades graves com mais razão ainda cabe aos que estão às portas da morte... A Unção dos Enfermos completa e nossa conformação com a Morte e Ressurreição de Cristo, como o Batismo começou a fazê-lo." P. 418, #1523

A crença de que esta unção "completa a nossa conformação com a morte e Ressurreição de Cristo" é outra tradição de homens sobre a qual as Escrituras nada falam.

## Mais escravidão

Uma vez que este rito só pode ser realizado por um padre ou outro líder Católico, ele mantém os membros presos à religião Católica exatamente até o momento da morte.

> "Só os sacerdotes (bispos e presbíteros) são ministros da Unção dos Enfermos." P. 416, #1516

O Catecismo também ensina que os Últimos Ritos são a "semente da vida eterna":

> "Aos que estão para deixar esta vida a Igreja oferece, além da Unção dos Enfermos, a Eucaristia como viático. Recebida neste momento da passagem para o Pai, a Comunhão do Corpo e Sangue de Cristo tem significado e importância particulares. É semente da vida eterna e poder de ressurreição..." P. 418, #1524

Mas a Bíblia discorda, declarando que este rito nem é "semente de vida eterna" nem é "poder de ressurreição". Estas são doutrinas humanas que Deus não iniciou e nem endossou.

Este ato é nada mais que uma boa obra terrena final, a qual a Bíblia afirma não ter valor algum:

> "...para ganhar a Cristo, e ser achado nele, ***não tendo justiça própria,*** que procede de lei, senão a que é mediante

> a fé em Cristo, a justiça que procede de Deus, ***baseada na fé.***"
>
> Filipenses 3:8-9

Aqui estão mais algumas regras humanas associadas a este rito:

> "Se um enfermo que recebeu a Unção dos Enfermos recobrar a saúde, pode, em caso de recair em doença grave, receber de novo este sacramento. No decorrer da mesma enfermidade, este sacramento pode ser reiterado se a doença se agravar. Permite-se receber a Unção dos Enfermos antes de uma cirurgia de alto risco. O mesmo vale também para as pessoas de idade avançada, cuja fragilidade se acentua." P. 416, #1515

Regras e mais regras! Por favor, lembre-se, Deus jamais ordenou qualquer uma delas. Os homens é que as criaram todas.

## Conclusão

Para que você tome sua própria decisão sobre esta doutrina, aqui estão alguns pontos a considerar:

- Este rito jamais é ensinado na Bíblia.
- Personagem algum da Bíblia jamais recebeu os Últimos Ritos, inclusive Paulo, que disse:

> "Quanto a mim, estou sendo já

> oferecido por libação, e o tempo da minha partida é chegado. Combati o bom combate, completei a carreira, guardei a fé..." 2 Timóteo 4:6-7

• Personagem algum da Bíblia jamais administrou os Últimos Ritos.

Esta doutrina desliza com os mandamentos dos homens. Você vai colocar sua fé e confiança nestas regras e regulamentos humanos ou em Jesus Cristo?

Lembre-se que Jesus avisou:

> "E em vão me adoram, ensinando doutrinas que são preceitos de homens."
> Mateus 15:9

## Apêndice 1

# Confusão

Após estudar o Catecismo, nesta edição mais recente, não se pode deixar de notar várias diferenças principais entre a doutrina Católica e a Bíblia.

Primeiro e mais importante é que ambos ensinam consistentemente doutrinas conflitantes. A afirmação do Catecismo de que a Bíblia e a tradição Católica trabalham em conjunto para promover a salvação das almas simplesmente não é verdade.

Segundo, o Catecismo contém uma lista interminável de regras sempre complicadas e confusas, as quais os Católicos devem seguir, a fim de agradar sua Igreja.

A Bíblia, por outro lado, é simples, direta, consistente e fácil de se entender. Aqui temos um exemplo:

## Quem vai para o céu?

A Bíblia não poderia ser mais explícita sobre o assunto do destino eterno, sobre o que se espera num tópico tão importante:

> "Por isso, quem crê no Filho tem a vida eterna; o que, todavia, se mantém rebelde contra o Filho não verá a vida; mas sobre ele permanece a ira de Deus." João 3:36

Aqui está outro exemplo. O próprio Jesus pregou:

> "Em verdade, em verdade vos digo: Quem ouve a minha palavra e crê naquele que me enviou, tem a vida eterna, não entra em juízo, mas passou da morte para a vida." João 5:24

Isto é facílimo de entender. Agora vejamos o que diz o Catecismo sobre este assunto. Aqui temos a passagem exata:

> "Com a nossa autoridade apostólica definimos que, segundo a disposição geral de Deus, as almas de todos os santos mortos antes da Paixão de Cristo (...) e de todos os outros fiéis mortos depois de receberem o santo Batismo de Cristo, nos quais não houve nada a purificar quando morreram, (...) ou ainda, se houve ou há algo a purificar, quando, depois de sua

> morte, tiverem acabado de fazê-lo, (...) antes mesmo da ressurreição nos seus corpos, e do Juízo geral, e isto desde a ascensão do Senhor e Salvador Jesus Cristo ao céu, estiveram, estão e estarão no Céu, no Reino dos Céus, e no paraíso celeste com Cristo, admitidos na sociedade dos santos anjos. Desde a paixão e a morte de nosso Senhor Jesus Cristo, viram e vêem a essência divina com uma visão intuitiva, e até face a face, sem a mediação de nenhuma criatura." P. 288-289, #1023

Quem jamais poderia entender isto?

Por que um conceito tão simples da Bíblia é tornado tão confuso? Claro que Deus deseja que todos entendam como alcançar o céu. Iria um Deus verdadeiro e amoroso fazer regras tão complexas, que ninguém pode entender, para alcançar o céu?

Considere também o seguinte verso da Escritura:

> "Porque Deus ***não é de confusão;*** e, sim, de paz. Como em todas a igrejas dos santos." 1 Coríntios 14: 33

Se Deus não é o autor desta confusa lista de regras Católicas, então, quem é?

### Não seja enganado

A Bíblia sempre nos alerta quanto a sermos

enganados pelos que complicam as coisas de Cristo:

> "Mas receio que, assim como a serpente enganou a Eva com a sua astúcia, assim também seja corrompida a vossa mente, e se aparte da ***simplicidade*** e pureza devidas a Cristo."
>
> 2 Coríntios 11:3

Estaria Deus tentando preveni-lo contra a Igreja Católica? Deus fez sua Palavra simples porque Ele está:

> "Não querendo que nenhum pereça, senão que todos cheguem ao arrependimento." 2 Pedro 3: 9

Deus quer vê-lo no céu. Porisso é que Ele conserva Sua Palavra tão simples.

## Conclusão

Deus não deseja vê-lo confuso. Se o Catecismo com a doutrina Católica já o deixou confuso, talvez você devesse começar a colocar sua confiança na Palavra de Deus:

> "Em ti, Senhor, me refugio; não seja eu jamais envergonhado." Salmo 71:1

## Apêndice 2

# Um Convite

Este livro não foi escrito para atacar nem criticar o povo Católico. Tendo nascido e crescido como Católico Romano eu entendo o quanto os católicos acham comum e normal o Catolicismo.

Dois fatores motivaram a produção deste livro. Primeiro, para expor o fato de o Catolicismo Romano não ser bíblico. É uma religião cheia de tradições humanas que violam as Escrituras Bíblicas a todo momento.

Segundo, eu ficaria feliz se você experimentasse a liberdade e a paz que eu encontrei quando me libertei da escravidão da Igreja Católica colocando minha esperança de salvação somente em Jesus Cristo.

Dezenas de milhares de outros Católicos têm experimentado essa mesma liberdade e paz.

Como mencionei, eu nasci e cresci no

Catolicismo Romano. Fui batizado e também recebi a Primeira Comunhão e a Confirmação. Durante os tempos de escola eu participava semanalmente das instruções religiosas e ia à missa todo domingo. Confessava meus pecados ao padre e regularmente recebia a Comunhão.

Aos 18 anos de idade, alistei-me na Marinha dos Estados Unidos, deixando o lar e a Igreja Católica para trás. Enquanto era militar, um amigo me convidou para ir a uma igreja não Católica. Embora um tanto resistente, concordei em tentar novamente.

Jamais esquecerei aquela primeira reunião. Quando o pastor pregou, ele parecia estar falando diretamente para mim. Ele concluiu seu sermão, convidando os que desejassem se arrepender de seus pecados e ser salvos para ir à frente.

Meu coração começou a pesar quase uma tonelada. Sabia que algo poderoso ia acontecer, mas fiquei gelado em minha cadeira.

O pastor terminou a reunião naquela manhã com estas palavras: "Acho que alguém disse não a Jesus, hoje. Oro para que você não morra antes de ter outra oportunidade de recebê-lo, ou então irá passar sua eternidade separado de Deus". Sabia que ele estava falando comigo.

Segundos depois o peso acabou. Eu sabia que

Deus havia falado comigo - e que eu havia dito não.

> "Eis que estou à porta, e bato; se alguém ouvir a minha voz, e abrir a porta, entrarei em sua casa, e cearei com ele e ele comigo." Apocalipse 3:20

Alguns dias depois, aquele mesmo amigo convidou-me para outra reunião na Igreja. Eu mal podia esperar. Novamente o pastor pregou e mais uma vez senti o mesmo peso em meu peito, quando o seu sermão terminou. Quando o pastor fez o apelo, pulei da minha cadeira.

Um jovem à frente abriu sua Bíblia e me mostrou como eu poderia receber o dom da vida eterna. Ele leu-me alguns versículos, mostrando que todos nós somos pecadores e necessitamos de um Salvador. Ele explicou como Jesus havia pago o preço total por nossos pecados na cruz.

Ele disse que eu poderia arrepender-me de meus pecados e pela fé pedir a Jesus que entrasse em meu coração e se tornasse meu Senhor e Salvador.

Com minhas próprias palavras, admiti para Deus que eu era um pecador que merecia o inferno, mas que desejava ir para o céu. Então convidei Jesus Cristo para entrar em meu coração e me salvar.

Não posso explicar a sensação, mas era como se aquele fardo de uma tonelada tivesse sido retirado de minhas costas. Imediatamente senti que estava liberto. Sabia que Jesus entrara em meu coração e tinha me tornado uma pessoa novinha em folha. Uma vida inteira de boas obras jamais poderia ter realizado o milagre que acontecera naqueles poucos momentos.

Já se passaram quase vinte anos desde aquele dia, e tenho falhado com o meu Senhor muitas vezes. Mas Ele jamais falhou nem me abandonou. Ele é mais real e mais precioso para mim, hoje, do que nunca. Eu não trocaria o meu lugar com ninguém ou deixaria minha relação com Jesus por tudo que este mundo pudesse oferecer-me.

Precioso Católico Romano, essa mesma liberdade e alegria está disponível para você. Você pode receber Jesus como seu salvador, agora mesmo. Você já ouviu a verdade e agora pode tornar-se livre:

> "E conhecereis a verdade, e a verdade vos libertará." João 8:32

A maravilhosa bondade de Deus está levando-o ao arrependimento e salvação:

> "Ou desprezas a riqueza da sua bondade, e tolerância, e longanimidade, ignorando que ***a bondade de Deus é que te conduz ao arrependimento?***"
> Romanos 2:4

Deus quer que você seja salvo hoje:

> "...Eu te ouvi no tempo oportuno e te socorri no dia da salvação."
>
> 1 Coríntios 6:2

Se você gostaria de se tornar um filho de Deus, basta curvar sua cabeça e falar com Deus do seu coração. Em suas próprias palavras, ore mais ou menos assim:

> "Querido Jesus, reconheço que sou um pecador. Arrependo-me de todos os meus pecados e te peço que entres em meu coração e me salves.
>
> Eu me arrependo de confiar numa religião falsa, que exige boas obras para salvação. Agora eu vejo que tu pagaste o preço de todos os meus pecados na cruz. Rejeito os ensinos do Catolicismo e coloco minha confiança somente em ti.
>
> De agora em diante a autoridade final em minha vida será a Tua Palavra, não as tradições da Igreja Católica.
>
> Obrigado, Senhor, por me salvar e me dar o dom da vida eterna. Em nome de Jesus, Amém."

Se você fez esta oração, e realmente pensa assim, a

Palavra de Deus promete que você acabou de nascer na família de Deus:

> "Mas a todos quantos o receberam, deu-lhes o poder de serem feitos filhos de Deus; a saber, aos que crêem no seu nome." João 1:12

Meu amigo, este livro foi escrito inteiramente a fim de que você possa conhecer e ser convencido por Deus da verdade contida em sua mensagem. Por favor, receba o dom da vida eterna. Somente então você poderá experimentar alegria e paz ao saber que todos os seus pecados estão perdoados.

Minha oração é dupla:

• Primeiro, que você inicie uma relação pessoal com Deus e experimente a verdadeira liberdade que só Cristo pode dar.

• Segundo, que você possa ficar livre da escravidão da Igreja Católica.

Este livro não foi escrito para criticá-lo, mas para conduzi-lo a estas maravilhosas verdades. Possa Deus abençoá-lo, quando você começar uma nova vida com Ele:

> "Toda boa dádiva e todo dom perfeito são lá do alto, descendo do Pai das luzes, em quem não pode existir variação ou sombra de mudança." Tiago 1:17

## Apêndice 3

# Justificação de Deus

Felizmente, você acabou de pedir a Jesus para entrar em seu coração e nasceu de novo, espiritualmente. Sendo assim, de acordo com a Bíblia, um dos seus primeiros atos seria sair da Igreja Católica:

> "...Retirai-vos dela, povo meu, para não serdes cúmplices em seus pecados, e para não participardes dos seus flagelos." Apocalipse 18:4

Muitos Católicos Romanos afirmam ser Cristãos nascidos de novo, mas ainda afirmam que Deus quer que eles permaneçam na Igreja Católica. Entretanto, a Escritura declara que Deus não quer seus filhos adorando-O numa religião falsa e idólatra. Pelo contrário, Ele manda sair e ficar fora dela.

> "Para a liberdade foi que Cristo vos libertou. Permanecei, pois, firmes e

> ***não vos submetais de novo a jugo de escravidão.***" Gálatas 5:1

Muitos outros versos nos ensinam a mesma lição:

> "Não vos ponhais em jugo desigual com os incrédulos; porquanto, que sociedade pode haver entre a justiça e a iniqüidade? Ou que comunhão da luz com as trevas?" 2 Coríntios 6:14

Deveria você adorar junto com aqueles que negam a Palavra de Deus?

> "Caso alguém não preste obediência à nossa palavra dada por esta epístola, notai-o, ***nem vos associeis com ele,*** para que fique envergonhado."
> 2 Tessalonicenses 3:14

Muitos Católicos apresentam várias desculpas para permanecer na Igreja Católica, mas boas intenções não impressionam a Deus, quando elas o levam a desobedecer Sua palavra. Mais do que tudo, Deus quer obediência:

> "Portanto, ***obedecerás a voz do Senhor,*** teu Deus, e lhe cumprirás os mandamentos e os estatutos que hoje te ordeno." Deuteronômio 27:10

> "Seja ela boa ou seja má, ***obedeceremos***

> ***a voz do Senhor, nosso Deus...***"
>
> Jeremias 42:6

## Obediência ou sacrifício?

Algumas vezes os Católicos permanecem na Igreja, insistindo em que ficam sacrificando seus desejos pessoais pelo bem dos outros. Mas Deus prefere a obediência ao sacrifício:

> "Tem, porventura, o Senhor tanto prazer em holocaustos e sacrifícios, quanto em que se obedeça à Sua Palavra? Eis que ***o obedecer é melhor do que o sacrificar...***" 1 Samuel 15:22

## Por que as pessoas não saem?

Apesar das claras instruções de Deus em Sua Palavra, algumas pessoas ainda se recusam a deixar a Igreja Católica. Existem duas possíveis razões para isso:

1. Elas estão salvas, mas honestamente não sabem que Deus deseja que saiam da Igreja.

2. Elas acham que estão salvas, mas não estão, porque em seus corações sua esperança de salvação ainda está na Igreja Católica e elas têm medo de sair.

Só você pode dizer a qual categoria pertence, porque ninguém mais conhece o seu coração.

## Será que ele realmente se converteu?

Lembro-me de ter conversado com um jovem Católico, que admitia voluntariamente sua condição perdida e necessidade de confiar em Jesus como Salvador. Ele orou e pediu a Jesus para entrar em seu coração. Ele não tinha problema com isso.

Então eu lhe disse que teria de sair da Igreja Católica. Ele recuou e reagiu rapidamente, "Ó, eu jamais deixaria a Igreja Católica!"

"Por que não", Indaguei:

Ele explicou que havia nascido e crescido na Igreja Católica e que a Igreja era necessária para a salvação. Se esse jovem entendia ou não, sua esperança de vida eterna estava na Igreja Católica, não em Jesus Cristo.

Como ele, muitos Católicos hoje afirmam ter nascido de novo, mas ainda recusam obedecer a Deus. Certamente ninguém pode julgar a salvação de outro homem, mas a Bíblia revela que aqueles que confiam em tradições de homens serão amargamente desapontados no Dia do Julgamento.

> "Assim diz o Senhor: maldito o homem que confia no homem, faz da carne mortal o seu braço e aparta o seu coração do Senhor." Jeremias 17:5

Se você é um Católico que se recusa a sair do Catolicismo, você é na melhor das hipóteses um Cristão vivendo em desobediência a Deus, e na pior, uma pessoa não salva enganando-se ao pensar que é Cristão.

> "E ***não sejais cúmplices*** nas obras infrutíferas das trevas; antes, porém, reprovai-as." Efésios 5:11

Se você realmente deseja agradar a Deus, você deve obedecer-lhe e deixar este sistema que nega Suas verdades.

### Sem medo

Outra razão das pessoas não abandonarem a Igreja Católica é o medo. A Igreja instilou nelas a crença de que a salvação só é possível através da Igreja Católica! Lembro-me de que me ensinavam, quando criança, de que era pecado mortal assistir qualquer outra reunião religiosa.

Entretanto a Palavra de Deus afirma que aqueles que nasceram de novo não devem ter medo:

> "Porque Deus não nos tem dado espírito de covardia, mas de poder, de amor e de moderação." 2 Timóteo 1:7

Não tenha medo de deixar a Igreja Católica Romana. Jesus Cristo tomará conta de você.

## Ídolos nunca mais

Para ajudá-lo a se livrar do poder desta falsa igreja, é importante que você remova de sua casa tudo que se relacione com ela, como: imagens, rosários de contas (ou terços), catecismos, livros de orações, etc. Estas coisas são itens idolátricos e Deus odeia a idolatria:

> "Portanto, meus amados, ***fugi da idolatria.***" 1 Coríntios 10:14

O Apóstolo Paulo declara categoricamente que não entrarão no céu os que praticam idolatria. Leia Gálatas 5:19-21.

A melhor maneira de se livrar dessas coisas idolátricas é queimar tudo. Leia Atos 19:19.

## Eu os ganharei lá dentro

Outra desculpa usada pelas pessoas para não deixar a Igreja Católica é que desejam ganhar os que ainda estão lá dentro da Igreja.

Mas a verdade é que a melhor maneira de ganhar outras pessoas é obedecer a Deus, a fim de ter o Seu poder em sua vida. Não faz sentido desobedecer a Deus para fazer melhor o Seu serviço. Se Deus ordena que você deixe a Igreja Católica, então você deve obedecer-lhe.

## Um padre convertido

Alguns anos atrás, um padre Católico que descobriu que sua Igreja estava errada, pediu a Jesus que entrasse em seu coração e o salvasse.

Então, obedecendo a Deus, deixou a Igreja Católica. Mas todo domingo de manhã ele voltava à sua velha Igreja e ficava sentado dentro do carro, no estacionamento. Após a Missa seus ex-paroquianos vinham andando e o reconheciam e diziam algo como: "Oi padre, ouvimos dizer que o Sr. deixou a Igreja. Que lhe aconteceu, hem?"

Ele então respondia: "Sim, deixei, porque algo maravilhoso aconteceu. Entrem no carro que eu conto a vocês." Usando este método, ele levou quase metade da sua congregação à verdadeira salvação em Cristo Jesus.

## Conclusão

Então meu amigo, a escolha é sua. Se agora você é um Cristão verdadeiro, deve saber o que Deus quer que você faça. A questão é: "você deseja obedecer-lhe?"

> "...***Retirai-vos do meio deles,*** separai-vos, diz o Senhor; não toqueis em coisas impuras, e eu vos receberei."
>
> 2 Coríntios 6:17

## Apêndice 4

# Liberdade ou Escravidão?

Um tema que corre através de cada capítulo deste livro é a diferença principal entre o Catolicismo e o Cristianismo.

- **O Catolicismo mantém as pessoas escravizadas.**
- **Jesus Cristo deixa as pessoas em liberdade.**

Você deve ter notado que cada doutrina do Catolicismo mantém os membros presos à Igreja Católica. Você deve ficar na Igreja para ser salvo. Você deve ficar na Igreja para ter seus pecados perdoados. Você precisa da Igreja para tudo!

Por desígnio, você fica preso à Igreja, desde que nasce e é batizado, até o momento da morte, quando recebe a Unção dos Enfermos.

Mas a Bíblia declara que Jesus morreu para libertá-lo da escravidão:

> "Na esperança de que a própria criação será redimida do cativeiro da corrupção, para a liberdade da glória dos filhos de Deus." Romanos 8:21

Paulo pregou:

> "Porque não recebestes o espírito de escravidão para viverdes outra vez atemorizados, mas recebestes o espírito de adoção, baseados no qual clamamos: Aba, Pai." Romanos 8:15

Cristo torna as pessoas livres. A religião as mantém cativas:

> "E isto por causa dos falsos irmãos que se entremeteram com o fim de espreitar a nossa liberdade que temos em Cristo Jesus, ***e reduzir-nos à escravidão.***"
> Gálatas 2:4

Não continue enganado! A religião promete liberdade, mas ***sempre*** conduz à escravidão:

> "Prometendo-lhes liberdade, quando eles mesmos são escravos da corrupção, pois aquele que é vencido fica escravo do vencedor." 2 Pedro 2:19

O Cristianismo se apressa em colocar os verdadeiros Cristãos dentro da liberdade que Cristo proporciona:

> "Para a liberdade foi que Cristo nos libertou. Permanecei, pois, firmes e não vos submetais, de novo, a jugo de escravidão." Gálatas 5:1

O Apóstolo Paulo conhecia esta liberdade e advertia os Cristãos a usá-la de maneira digna:

> "Porque vós, irmãos, ***fostes chamados à liberdade;*** porém não useis da liberdade para dar ocasião à carne; sede, antes, servos uns dos outros, pelo amor." Gálatas 5:13

Deus não quer vê-lo preso a uma religião. Ele quer que você goze da verdadeira liberdade:

> "Ora, o Senhor é o Espírito; e onde está o Espírito do Senhor aí há ***liberdade.***" 2 Coríntios 3:17

## Fique liberto

Como ex-Católico Romano sei muito bem o que representa a escravidão. Em toda a minha juventude fui instruído em regras e regulamentos e vivia temeroso do que me poderia acontecer se os não obedecesse.

Uma da maiores alegrias, quando pedi a Jesus que entrasse em meu coração, foi a liberdade que nele encontrei. As correntes da escravidão foram quebradas. Delas me libertei e fiquei livre!

### O que acontecerá com você?

Você ficará livre da escravidão da Igreja Católica e experimentará a mesma liberdade. Jesus já fez todo o trabalho necessário para nos libertar:

> "E livrasse todos que pelo poder da morte, estavam sujeitos à escravidão por toda a vida." Hebreus 2:15

Paulo discute o mesmo assunto, novamente:

> "Assim também nós, quando éramos menores, estávamos servilmente sujeitos aos rudimentos do mundo; vindo, porém a plenitude do tempo, Deus enviou seu Filho, nascido de mulher, nascido sob a lei, para resgatar os que estavam sob a lei, a fim de que recebêssemos a adoção de filhos."
> Gálatas 4:3-5

### Amor ou ódio?

Paulo continua com esta declaração:

> "Tornei-me, porventura, vosso inimigo, por vos dizer a verdade?" Gálatas 4:16

Concluindo, quero fazer a mesma pergunta. Tornei-me seu inimigo por lhe dizer a verdade? Alguns na certa vão sugerir que sou contra os Católicos. Mas eu não sou.

Pelo contrário, apresentei aqui a única mensagem que pode salvar os Católicos (e qualquer pessoa) da eternidade no lago de fogo. Isto não é ódio... É amor!

Eu espero que todos os Católicos recebam o dom da vida eterna. Eu desejo que você seja liberto dessa religião escravizadora. Isto não é ódio, é amor!

Desejo que você experimente a alegria e a paz que só Jesus Cristo pode dar. Isso não é ser seu inimigo... É ser amigo!

## Seu verdadeiro inimigo

Contudo, você tem um verdadeiro inimigo. Seu nome é Satanás. Ele o odeia e quer vê-lo arder eternamente no inferno:

> "Sede sóbrios e vigilantes. O diabo, vosso adversário, anda em derredor, como leão que ruge ***procurando alguém para devorar.*** " 1 Pedro 5:8

O diabo sabe que para devorá-lo deve manter você distante da Palavra de Deus. Aqui está o seu plano:

Primeiro, ele cria uma religião, com todas as armadilhas religiosas, para fazê-la parecer autêntica.

Em seguida ele formula doutrinas anti-bíblicas que os membros devem obedecer. As pessoas ficam tão ocupadas em obedecer tais doutrinas que nunca encontram Jesus Cristo.

Outra tática da religião de Satanás é denegrir Jesus Cristo. O diabo odeia Jesus e sabe que ele é o único caminho para o céu (João 14:6). Por conseguinte, ele fará todo o possível para manter as pessoas longe de Cristo.

Desgraçadamente, este plano tem sido executado durante séculos. Não subestimemos Satanás. Ele é o mestre do engano. *(veja Apocalipse 12:9)*

Por favor, não deixe Satanás enganar você por mais tempo. ***Ele*** é o seu verdadeiro inimigo e está usando uma religião para mantê-lo afastado de Jesus Cristo. Por favor, não o deixe mantê-lo assim por mais tempo.

Volte-se hoje mesmo para Jesus. Ele está esperando para libertar você. Deus o abençoe para experimentar a verdadeira salvação em Jesus Cristo:

> "Confia no Senhor de todo o teu coração e não te estribes no teu próprio entendimento. Reconhece-o em todos os teus caminhos, e ele endireitará as tuas veredas." Provérbios 3: 5-6

# Testemunho do Autor

Quando criança, crescendo num lar católico romano, eu freqüentemente me perguntava sobre as práticas da Igreja Católica. Um exemplo era o "comer carne às sextas-feiras". Durante meus anos de infância, este era um pecado que mandaria alguém para o inferno. Então, um dia a igreja declarou que não havia mais problema. Questionamentos pululavam em minha jovem mente, como: "Deus mudou de idéia?" "Se mudou, por quê?" Eu me perguntava: "Por que era pecado comer carne às sextas-feiras, mas não em qualquer outro dia?" Eu me questionava: "Como Deus, no céu, disse ao homem que esta prática não mais o incomodava?" Eu pensei nos milhões de pessoas que haviam morrido e ido para o inferno por cometer este pecado, e perguntava-me: "Agora que isso não é mais pecado, Deus vai liberá-los do inferno e levá-los para o céu, desculpando-se?"

Permita-me perguntar-lhe... você tem questionamentos sobre o que a sua igreja ensina? Se os tem, este livro pode ajudá-lo. Mantenha em mente que um dia você estará diante de Deus e não poderá dizer: "Consulte o meu sacerdote... é ele quem cuida dos meus assuntos espirituais." Você prestará contas de sua própria vida.

É por isso que este livro é tão importante. Usando linguagem clara e de fácil entendimento, ele responderá aquelas pertubadoras perguntas que o têm incomodado por tanto tempo. Com seu destino eterno em jogo, nada é mais primordial.

# Em quem VOCÊ vai confiar?

Quem será? Na Igreja Católica Romana ou em Jesus Cristo? Agora é hora de escolher!

> **"...Eis, agora, o tempo sobremodo oportuno, eis, agora, o tempo da salvação." 2 Cor. 6:2**

(Por favor, marque uma das opções abaixo)

❑ Depois de ler este livro, recebi Jesus Cristo como meu Salvador pessoal e vou deixar a Igreja Católica Romana, conforme Deus me ordena.

❑ Apesar do que li, continuarei a colocar minha fé e confiança na Igreja Católica Romana para obter minha salvação.

Comentários:______________________________

__________________________________________

__________________________________________

__________________________________________

__________________________________________

Se você deseja compartilhar sua decisão ou fazer algum comentário, envie esta página para:


CENTRO DE PESQUISAS RELIGIOSAS<br>
A/C: Rick Jones<br>
Caixa Postal 92.950<br>
Teresópolis, RJ<br>
25951-970 Brasil